人生のしくみ

夢はかならず実現する

How to Live Your Own Life

by Keiko Ochi

精神科医

越智啓子

徳間書店

Tokuma Shoten

はじめに

この本のサブタイトルを見て、「えっ、本当に夢ってかなうの？」と思いながら、つい手に取ってしまった方も多いのではないでしょうか？

精神安定剤を処方しないユニークな精神科医の治療法の一つである、〝過去生療法《かこせい》〟を通じて、とても大切な情報を得たので、こうやって本を使って皆さんにお届けすることになりました。この治療法を行っているうちに、「人生のしくみ」がいろいろわかってきたのです。

「人生のしくみ」を理解する過程で得た情報とは、「いま体験している人生こそが、過去生の自分の夢がかなった状態なのかもしれない」、また「いまやっていることが、すべて自分の夢実現へ着々と進んでいるプロセスかもしれない」ということなのです。

〝過去生〟という言葉を初めて知った方もいるかもしれませんが、それはそれぞれの人がいまの人生の「以前」に過ごしてきた人生のことです。「前世」という言葉がありますが、私たちはその前世を何回も経験していまに至っています。「生まれ変わっている」と言ってもいいでしょう。

そして将来、いまの人生を終えた後には次の人生が待っているのです。過去生といまの人生、将来の人生はそれぞれ別のものではありません。過去生での願望や夢、感動、あるいは失敗による罪悪感やトラウマなどは次の人生に引き継がれます。あるいは、前の人生では夢に終わってしまった願望が次の人生でかなえられるということもあります。

人はつねに「こうしたい」「こうなりたい」という願望を抱いていますが、そのすべてがいまの人生においてかなうわけではありません。しかしもし、人間が、生まれ変わって、男になったり、女になったり、いろんな人種や文化を体験しているとしたら、誰でも次の人生でそれを実現したいと思うでしょう。

このように私たちは、一度の人生で夢が途中になったら、次の人生でも必ず続きをやりたくなるものなのです。だから、いま自分が抱えている夢は、もしかしたら過去生で持っていた夢を引き継いでいるのかもしれません。あるいはいま夢がかない満ち足りているならば、それは過去生での願望がいまの人生で達成されたということであるかもしれないのです。

逆に、いませっかく夢を実現したくて、一生懸命にがんばっているのに、なぜか繰り返し同じ失敗をして、何かに引っかかっている感じがすることがあります。これも、じつは、過去生での失敗や不必要な罪悪感がブロックになっていて、「まただめになる」とマイナスの思い込みが強くて、自分で夢の実現へのブレーキをかけていることが多いのです。

そのマイナスの思い込みを一気に解放できるのが、過去生療法という、アメリカやカナダで始まった画期的な精神療法の一つなのです。

　私は精神科医となってから、薬を使わない治療法を二十数年間追求してきました。その間多くの患者さんと接してきて、体験からたくさんのことを気づき、学んできました。

　ここで、初めて私の本を読まれる方のために、少し自己紹介させていただきます。


　私は小さいころから感じやすく、よく幽霊を見たり、ときには花の妖精が現れて一緒に遊んだりといった経験もありました。一方、人ごみの中に行くとぐったりしてしまい、医師からは「自家中毒です」と言われるパターンを繰り返していました。副腎の難病もあり、病院とは縁が切れず、さらに、幼いころ亡くなった弟の死が医師の誤診と聞いてから、自ら医師を目指し、ついに苦労の末に夢がかないました。

　自分自身が強い薬、副腎ステロイドホルモンを投与されて、その副作用で苦しみましたから、精神科医になってからも、自ら精神安定剤を飲んでみて、ステロイドと同じように強い薬だと実感し、薬以外の心地よい治療をずっと探究してきたのです。

　まず、精神療法に、手当て療法を加えました。手から気功のように、エネルギーが出て患者さんの患部をやさしくなでると、リラックスできて驚くほど症状がよくなります。次は笑い療法でした。うつの患者さんを思いっきり笑わせて、暗い表情の患者さんが、すっきりとした笑顔になるので、当時私がいた国立の精神病院の外来では、看護師さんたちから「不思議な談話室」と呼ばれていました。

何より一番効果があったのは、「大丈夫ですよ、必ずよくなりますよ」という励ましの言葉かけと、相手を受け止めて抱きしめることでした。

一九九三年に過労で倒れてから、もう一度患者の立場になって、ありとあらゆる治療法を試したことで、別の癒《いや》しの世界、それまで知らなかった精神世界への扉が開けてきたのです。アロマセラピィという、心地よい香りを使ったオイルマッサージにはまって、一年三カ月間、毎週通いました。さらに、カナダ人から水晶を使ったクリスタルヒーリングを体験し、アメリカ人からヒプノセラピィと呼ばれる過去生療法も受けました。仏教の輪廻《りんね》転生《てんしょう》の言葉でしか知らなかった「過去生」や「生まれ変わり」が身近に感じられるようになりました。

神戸の地震ショックの直後、「いつか自分らしいクリニックを創《つく》りたい」という夢をいまこそやらなくてはと、背中を押される思いで、薬を使わないメンタルクリニックを、東京で開院することになりました。

カウンセリングを中心にアロマ（香り）、クリスタル（水晶）、ハンドヒーリング（手当て療法）、そして不思議な子守歌のようなヴォイスヒーリングを過去生療法と組み合わせた、新しいタイプの医療を始めました。これが縁あってマンガになり、『不思議クリニック』（朝日ソノラマ）として、五年間連載されました。クリニックは電話がパンクするほど、診療予約をしたいという人が集まりました。私も頑張って診療に集中しましたが、ついに過労で倒れてしまい、大都会・東京から魂の故郷、沖縄に移り住むこととなりました。そして、「海のそばで波の音がするクリニック」の夢が実現して、今日に至っています。

沖縄に移ってから二冊の本を出しましたが、今回の三冊目は「人生のしくみ」について書いてみました。

この本が皆さんの夢の実現に、少しでもヒントになったら、心からうれしく思います。

人生のしくみ◉目次

装幀・上田晃郷
カバー写真・ＰＡＮＡ通信
編集協力・石川明子

第一話

あなたがここにいる意味

マイナスの思い込みを取ると「夢がかなう！」

二〇〇二年の四月末、うれしいメールがクリニックのホームページに届きました。

それは、六度目の医師国家試験にやっと合格できたという男性からのもので、感動が、モニター一杯に伝わってくる内容でした。うれしくて、思わず私は、一人で万歳三唱《ばんざいさんしょう》をしてしまいました。

合格した彼は、受からなかったのが不思議なくらい実力はあるのに、いつも試験になると緊張してその実力が出せませんでした。

本人の了解を得たので、その内容を御紹介しましょう！

「越智先生

拝啓　医師国家試験、合格しました！　なんとお礼を言ったらいいのか、言葉が見つかりません！……たくさんの人たちから、おめでとうの言葉を聞くたびに、いままでのつらかった記憶がよみがえってきて、涙がポロポロと出てきて、ワーワー泣いて泣いて泣いて……その後、わけもわからず眠ってしまって、現在は、放心状態から、少しずつ、うれしさが、出てきつつある途上です。……」

彼の場合、不合格が続いても、医師になりたいという夢をどうしてもあきらめきれず、苦しい戦いを続けていたのです。その一方で彼の潜在意識には、「自分は医師になってはいけない、なる資格がない!」という強い感情があり、それがブロックとなって、自分の夢実現にブレーキをかけていたのです。

マイナスの思い込みは、幼少期、両親や教師から植えつけられることもありますが、場合によっては、生まれ変わる前=過去生(過去の人生、よく前世とも言われる)における失敗や後悔の念が強く残っていると、そこからくることもあります。

彼も本土から何回か沖縄のクリニックに通って、マイナスの思い込みの原因になっている感情を解放するセッションを受けました。感情の解放をするために、アロマ(香り)とクリスタル(水晶)を使って、ハンドヒーリングとヴォイスヒーリングをしました。感情が大量に引き出されたとき、彼の目の前に、まるで立体テレビの映像のような過去生のイメージが出てきました。それは、古いエジプト時代、約四〇〇〇年前の優秀なドクターでした。彼はそのときに、ちょっとしたミスを犯して、それを責められて、自信をすっかり失ってしまったという内容でした。それが真実かどうかは確かめようがないのですが、ただ、彼自身がそのときの感情を、何度も激しく嗚咽《おえつ》を繰り返して吐き出したこと、そして自分でどんどんいろんなことを直感で思い出し、苦しかった胸が軽くなり、すっきりしたのは事実です。

「あなたのせいじゃない、あなたは立派な医師だった。今回も医師になって大丈夫なのよ。医師になっていいと決めてあげて！」

と相手を一〇〇％受け入れるハグ療法（抱きしめて相手をあるがまま受け入れる治療法）をしながら、マイナスの思い込みがほどけるような、愛の言葉かけをし続けました。

「そうだ、僕は、医師になっていいんだ！」

「僕は、医師になる！」

と彼が心底決めることができたとき、マイナスの思い込みが解除され、代わりに力強いプラスの思い込みに入れ替わりました。

これで、次の国家試験は大丈夫だと、私の直感も深い確信が持てました。

「大丈夫よ、この次は受かります。受からないようにストップしていたのは、自分の思い込みのせいだったのよ。もう受かるようになっているわ」

と太鼓判《たいこばん》を押してしまいました。

「いままでは、試験に出ないところばかり勉強してきたでしょうけれど、これからは、出るところだけすればいいのだから、楽よ！」

自分でも不思議なほど、彼の受験にまったく心配がなかったのも、彼の「人生のシナリオ」には、夢が実現する劇的なプログラムが書かれていて、このタイミングでかなっていくようになっていたからなのでしょう。

世界的に有名な『前世療法』（ブライアン・L・ワイス博士著、山川紘矢・山川亜希子訳、PHP研究所）という本には、人は生まれる前に自分の人生シナリオを自分で書いてくると書かれています。

私の過去生療法体験

それでは、「過去生」や「前世」は本当にあるのでしょうか？

「過去生」という前の人生があるとも言えますし、過去も未来もなくて、「いま」だけ、とも言えます。

私たちは、宗教、特に仏教の「輪廻転生《りんねてんしょう》」という言葉で、知識としては聞いたことがあります。でも、それを実感している人は少ないかもしれません。

私も、以前過労で倒れたのをきっかけに、ヒプノセラピィ（過去生回帰の催眠療法）のセッションを受けていなければ、自分の人生に深くかかわる形で受け止めなかったと思います。自分の癒しのために必要になってきて、ようやくしっかりと「過去生は本当にあるのだろうか?」と考えるようになりました。それも一回ぐらいでは、信用しなかったでしょうが、同じことを別の人のセッションでも再び体験することで、少しずつ信じるようになってきたのです。その意味では、いまこの本を読まれているあなたと、同じ気持ちでスタートしていました。とても懐疑《かいぎ》的だったのです。

それは、私の人生にとって、衝撃的なでき事でした。まだ、東京にいた（一九九三年）ころです。

初めて、アメリカ人の友人から、かなり有能なサイキックのヒーラーが東京にくるけれど、ヒプノセラピィを受けてみないかと誘われました。ちょうど、どんな治療法でも受けてみたいという心境でしたので、すぐにOKしました。自分で過去生のイメージを見るだけでなく、その人にも見えるから、同時通訳のように解説してもらえるというのです。

そのヒーラーは当時、ハワイのオアフ島にいました。

とても誠実で、大らかな感じのアメリカ人女性でした。ベッドに横になって、彼女の誘導で、いろんなイメージを見ていきます。私は催眠にかかりやすいのか、誘導のとおりにまばゆい黄金色のハイアーセルフ（大いなる自己）に会って、メッセージをもらい、びっくりの体験でした。

このようなセラピィでは、いま現在の自分の癒しに必要な過去生へと、ゆっくりと誘導されます。実際に私の目前に、映画のような動くイメージが出てきました。自分が金色のぴったりとしたドレスを着て、長い髪がそよ風に揺れている様子に、うれしくなってしまいました。いまの自分にない、好みの姿です。

イメージの中の彼女は、舞台女優でした。ますます気に入ってしまいました。出てきた場面は、愛していた恋人の子供を宿《やど》して、うれしくて彼に報告しているところでした。しかし、「子供はいらない、堕《おろ》せ」と彼に言われて、大ショックを受けている様子が、はっきりと見えました。彼女は、彼を失いたくなくて、子供を堕せるという怪しげな薬を黒ずくめの老婆からもらって飲みました。体中が茶色になってしまう強烈な反応の後、望みどおりに子供を流産で亡くし、そのうえ自らの健康も、美貌も、スピリチュアルな能力も失って、神の存在を否定しながら亡くなりました。これがこのとき私が見た過去生の一部始終です。

そのときの恋人が、今生《こんせい》の一番目の夫だと知って、びっくりしました。今生は、私に子供が産めないことで、離婚になったからです。

さらに、約半年後、カナダで一週間の断食を体験したときに、もう一度、ヒプノセラピィを受けるチャンスがあって、同じエジプト時代の過去生をもっと詳しく見ることができました。

しかも、「三〇五〇年前」と年代もはっきりとしてきました。別の人に誘導されて、もっと細かくまわりの状況までわかってきたのです。二度も同じことを体験することで、さすがに、もしかしたら過去生はあるかもしれないと、私は思い始めました。

エジプト時代のイメージは、最初のときよりも臨場感にあふれていました。まるで、映画の中のシーンに、自分が入り込んだようでした。そのときはちょうどカナダでの断食のプログラムの最中で、肝臓から大量の毒素を排出しているときでした。まるでエジプト時代に飲んだ強い薬の影響が、今生にまで影響していて、それをヒプノセラピィのセッションで解放する必要があったかのようです。

過去生の書き換えとして、子供を出産するイメージ療法もしました。今生では、やったことのないお産を疑似体験できて、感動でした。かわいい男の子を産んで腕に抱いたとき、実際に重さを感じて、ハラハラと涙が自然に出てきました。そのとき、大量の母性のエネルギーが放出されました。まるで、後に、たくさんの患者さんを抱きしめて、ハグ療法をするための準備のようでした。

今生は、女性の幸せといわれる、結婚、出産、子育てのコースを選ばずに、子供を産めない病気をプログラムして、医師になるコースを私自身が選んだということらしいのです。そこにも、過去生のいきさつが隠されていたと教えられました。

宗教では、これを「カルマ（行為）の解消」と表現します。でも言い方を変えれば、「逆の立場になって、相手の気持ちを理解して魂が成長する」ということでしょう。

つまり、私は、今回、子供を産めない悲しみを味わうことで、エジプトで子供を産めたのに、堕胎してしまったときの罪悪感を解放したということらしく、彼は、今回子供を欲しくても手に入らないことで、その寂《さび》しさを味わい、その後子供を産んでくれるひとを求めて再婚し、ついに子供を持つという幸せを味わうことができたということらしいのです。

このように、それぞれに、大きな深い意味があったと教えられました。

思いがけない過去生療法を体験してから、いろんな精神世界の本を読み始めました。とくに『前世療法』が出版されてからは、仏教以外のもっと身近な「前世」という言葉が耳に飛び込んで来ました。

アメリカやカナダでの精神科で退行催眠という手段を使った研究報告がたくさん出ています。その中には、イメージだけでなく、過去生の名前や生きていた住所を思い出して、実際にそのとおりの人が過去に生きていた事実を確かめたケースもたくさんあります。

日本でも、NHK教育テレビの「超心理学講座」という番組で、インドのケースを実際にドキュメンタリーとして取り上げたことがありました。あまりにも印象的だったので、いまでも鮮明に場面を覚えています。

若い女性が、子供を産んでから過去生を思い出して、そのときの両親が生きているなら会いたいと言い出したのです。現在の彼女の身なりからして、かなり裕福な家庭で育ったとわかりましたが、過去生ではカースト制度の下の方の身分だったので、最初、現世の両親は、娘が過去生の両親に会いに行くことに反対しました。

「すぐ前の過去生では、私は男の子で、五歳のときに、家の近くの川で遊んでいて、足を滑らせて溺れて死んだのです。そのときの名前は○○で、両親は、父が○○、母が○○、……」と、すらすらよどみなく話し出すのです。両親もびっくりして、最愛の娘がそんなに言うのならと、一緒に、娘が覚えている場所を探してまわったところ、ちゃんと見つかったのです。

まだ、過去生の両親は健在でした。

赤ん坊を抱いた若い女性に、いきなりお父さん、お母さんと呼びかけられて、ひたすらびっくりする二人でしたが、彼女の話すとおりに、昔彼らの息子が近くの川で溺れ死んだという話がぴったり一致して、みんな驚いて感動していました。

長い間、寂しかった二人は、懐かしくてハラハラと涙を流して、恐る恐る息子の生まれ変わりの美しい女性の手を取ったのです。

見ていて、もらい泣きしてしまいながら、「やっぱり過去生はある、人間は生まれ変わっているのだ」と、しみじみ「人生のしくみ」にうれしくなりました。

私もアメリカ・インディアンだった過去生を、別のアメリカ人のヒーラーの誘導で思い出したときは、頭の中に白いテロップ文字で年代が出てきました。「一一五二」でした。それが、ヒントになって、そのセミナーの十日後に、アメリカのアリゾナ州、フェニックスのモンテッツマ・キャッスルという、洞窟のインディアン居住地を見つけて、そこに、「一一五〇年ごろ、原因不明で種族が消えた」とあり、ぴったりと年代が一致したことがありました。実際に確かめることができると、過去生の存在を信じてみたくなります。

チベットの「ダライ・ラマ探し」

チベットの「ダライ・ラマ探し」は、よくテレビでも紹介されて、生まれ変わりの話としては有名です。

チベットでは、ダライ・ラマは世襲制でなく、生まれ変わった魂を見つけて、その記憶が残っている子供を後継者にします。それも、きちんとした選択法で、ダライ・ラマが使っていた物を一つ一つ当てさせるのですが、正確にほぼ一〇〇%の確率で当てることのできた子を後継者にしていきます。

魂が生まれ変わることを前提に、ずっと今日まで引き継がれてきた伝統なのです。

二〇〇二年の八月に、念願のチベットへ旅をすることができました。そのとき、八十五歳の活仏《かつぶつ》と呼ばれるマニさんにお会いできました。その方は、なんとダライ・ラマの後継者探しの責任者でした。現代のダライ・ラマ十四世は、一九五六年に中国がチベットに侵攻したときにインドへ亡命しましたが、マニさんはその後も留守宅を守るかのように、中国支配下の厳しい条件のもとでチベット仏教を守ってこられました。

さて、チベットへ行ってわかった衝撃的なニュースは、いまのダライ・ラマ十四世が、もう生まれ変わらないと決めたということです。これをどう理解したらよいのでしょうか?

いまの時代は、「総集編の時代」だと精神世界では言われています。いままで地球でたくさん生まれ変わってきて、そのやり残し、思い残し、その時々の「夢」をまとめて実現できるという、とても便利な時代なのです。ですから、いまの時代に生まれたいという魂が多くて、地上の人口は最高値になっています。そして、すぐにまたやり直したい魂は、早めに切り上げて、またすぐに生まれ変わってきているようです。

なかなか面白い時代に、私たちは生まれてきていると思いませんか。

だからこそ、私の二冊目の本のタイトルはずばり『生まれてきて、よかったね!』(サンマーク出版)という、手に取ってはっとする題にしてみました。

私は、チベットでダライ・ラマ十四世がもはや生まれ変わらないと聞いたとき、今回の人生で地球の転生を最後にする人々の代表選手のような気がして、とても納得できました。

チベットでは、生活の中に、「生まれ変わり」が、とても当たり前に溶け込んでいます。

アメリカでのある意識調査では、「生まれ変わり」を信じる人がどんどん増えてきて、六〇〜七〇％くらいになってきているようです。意識が変わってきていますね。日本ではどうでしょうか？

おそらくチベットでは、ほぼ一〇〇％の人々が信じているでしょう。仏教が溶け込んでいるからです。精神性の高さも感じられます。出会う人々の笑顔がとても美しいのです。厳しい自然の中で、仏教の教えを生活の中に取り入れて、その生き方がとても自然で無理がありません。私たちが自然体で生きていく、お手本のように思えました。

過去生の思い残しや夢は引き継がれる

ダライ・ラマの転生だけでなく、身近な私たちの人生にも「過去生の裏づけ」が見られます。何気なく、無意識に好きなものや、表現していること、行きたい場所などが、昔懐かしい過去生と関係があったりするのです。

たとえば、過去生がアメリカ人で、金髪、青い目だった人が、いままた同じように毛を染めたり、ブルーアイコンタクトを入れて、しきりにアメリカへ旅に行くなど、まだアメリカ人の続きをしていたりします。

その例として、沖縄はアメリカ軍の基地がありますから、アメリカにちなんだエピソードもよくあります。アメリカ兵だった過去生を持つ女性が、アーミー服を好んで着たりします。

あなたが表現したいファッションも、過去生を知るヒントかもしれません。

この美しい青い星、地球で何度も生まれ変わった魂にとって、懐かしいと強く思えるところは、きっと前に生まれていたところだと思います。文明の発達のおかげで、懐かしい魂のふるさとへ、数時間で再び訪れることができるのは、なんと素敵なことでしょう。

私が沖縄に初めて来たときも、「ああ懐かしい、ここはよく知っている」と瞬時に感じました。

四十代になって、一人で沖縄に移り住みたくなるほどですから、よほどの強い衝動がなければ行動に移さないでしょう。「感情は魂の言語だ」と私の大好きな本『神との対話』(ニール・ドナルド・ウォルシュ著、吉田利子訳、サンマーク出版)にも力強く書かれています。

衝動は強い感情、感情の最大値です。これはどうしても無視できない、「魂からの叫び」だと思います。それは、過去生の自分の思い残し、夢だったり、魂からの貴重なメッセージだったりします。

ですから、もっと素直に自分の感情や衝動に意識を向けてもいいのです。どうぞ、自分の感情をいままで以上に大切に扱ってあげてください。

さらに、過去生の感情を解放することで、それまで原因不明の症状で苦しんでいたのに、それが消えてしまうというケースがたくさんあることも、大切な裏づけになると思います。

それには高所恐怖症、閉所恐怖症、飛行機恐怖症、水恐怖症、虫恐怖症、パニック症候群、不安神経症、強迫神経症、などいろんなパターンが見られます。

クリニックには、これらの症状に悩む患者さんがたくさん来院されます。私の著書『生命の子守歌』（ＰＨＰ研究所）やコミック『不思議クリニック』（朝日ソノラマ）に紹介されているいろんな症例をお読みになり、ご自分も過去生のヒントを知って感情の解放をしたいと思われるのです。

いま、地球においては、「総集編の時代」だと言われています。つまり、何十回、何百回と生まれ変わってきた過去生で解放できなかった強い感情を、もう一度引き出して、解放するプログラムをたくさん盛り込んで生まれてきているのです。

過去生と似たような状況を作ったり、まるで逆の立場に立つことで、相手の立場を理解して大きく成長したり、さまざまな方法で何とかたまった感情を表現して、それらを少しでも軽くしようと、涙ぐましい努力の連続です。

そのための参考書として、「前世療法」や「過去生回帰」の本が世に出てきて、宗教だけでなく、精神医学の分野でも輪廻転生を科学的に取り上げはじめているのです。これは、より多くの人々の信用を得るための「あの世」からのメッセージなのです。

「あの世」に帰れば常識である「生まれ変わりのシステム」は、必要があって「この世」にも知らされる時代になってきたのです。

動物たちも生まれ変わるの?

現代は、大変なペットブームです。寂しい人生がペットで一変して、心癒されている人がたくさんいます。ですから、家族同様に可愛がっていたペットが死んだときの悲しみや寂しさは、相当なものです。

よく皆さんから、猫や犬も「生まれ変わり」があるのですか？　と質問を受けますが、猫や犬にもそのシステムがあるようです。そして、飼い主との関係で、再び人生を一緒にすることもあるのです。

最近の感動的なケースをご紹介しましょう。

Aさん夫婦は、それぞれにいろんな悩みを抱えてクリニックに来院されました。

お二人でペットを飼うことをおすすめしたら、とてもかわいいシーズー犬、アスティとの出会いがあって、それは幸せな日々を体験しました。ところが残念なことに、そのアスティが死んでしまったのです。お二人は、ペットロス症候群になってしまいました。ひどい抑うつ状態になってしまったのです。亡くして約一カ月の間、とくに奥さんのほうが、「自分のせいで死なせてしまった」と罪悪感で胸がつぶれそうな思いをしていました。というのは、ある寒い夜、アスティのためと思って一晩中ホットカーペットをつけたまま、そして鳴き声がご近所迷惑にならないようにと、サークルの上から毛布をかけていたのです。ところが朝見たら、ぐったりして、死んでいたのです。

彼女の悲しみと罪悪感の感情を解放していきながら、アスティの魂を呼んで、直接聞いてみました。

「ママのせいじゃないのよ。私は心臓が弱かったの。そして、これは寿命だったの。パパを助けたくて今回は来たのよ。前にもパパに飼われていたことがあって、そのときに命を助けてもらったから、今回は恩返し！　とても可愛がってもらって、幸せだったから。もうママ、自分を責めないでね」

このとき、一緒にいたご主人が叫びました。

「先生！　そういえば、アスティは不整脈があって、息切れがしていました。やっぱり心臓が弱かったのでしょう。不思議なことに、僕のひどい腰痛が、アスティが死んだときにすっとよくなり、僕は歩けるようになったのです。しかも、火葬の後、アスティの腰の骨が真っ黒になっていたんです。生前具合が悪かった部分の骨は、黒く焼けるのだそうですね。きっと僕の身代わりになってくれたのだと思います」

ご主人は、痛くて歩けないほどだった腰がすっかりよくなったことにびっくりして、アスティの死との符合がとても不思議だと話してくれました。

ご主人のヒーリングをしたら、ヨーロッパ時代の過去生のイメージが出てきました。その当時、アスティは大きな白い犬でした。倒れているところを、通りがかった男性（ご主人）が助けて、それが縁で飼うことになったようです。

その時代の恩返しに、ご主人のひどい腰痛を癒して、身代わりになって死んだのですね。

なんと今回のことで、奥さんの過去生の、子供を亡くしたときの罪悪感までもが解放されました。不妊症の原因まですっきり取れて、子供が授かる可能性が出てきました。ダブル効果です。

「アスティは、もう一度生まれ変わって、お二人に再会するようですよ。目を見たら、たとえ違う種類だとしても、わかるのだそうです。本人（犬）が言っているから、きっとそうなるわよ」

それを聞いて、お二人は明るい笑顔になりました。

それからしばらくして、すてきなお便りをいただきました。承諾を得て、ここで一部をご紹介しましょう。


「……アドバイスどおり、新しい犬を（アスティの生まれ変わりを）探すことで見事復活しました。ありがとうございました。その犬が来た二日目のことです。

朝方夢をみまして、啓子先生に私が質問しているのです。

『このクリスタル（ローズクォーツ）が割れてしまったのですが、いいことですか？　悪いことですか？』すると先生は、『いいことに決まってるじゃない。これから二カ月の間にあなたは、（　？　）なのよ』とおっしゃってくれました。（　？　）の部分が聞こえなかったのですが、目が覚めたとき『私、妊娠するのかな？』と思いました。でもすぐに打ち消してしまいました。

夫に『今日、啓子先生の夢をみたのよ』と話したら、夫も『僕も……』と言うではありませんか。夫の夢は、『今度来た犬は、この犬で間違いないから大丈夫よ』と先生がおっしゃってくれたそうです。

……どうも調子が悪く、病院に行ったら何と妊娠していたのです。本当にびっくりしました。

夢で教えていただいた（？）の部分は赤ちゃんが授かることだったのでしょう。

ブラボー!!……

最近ようやく、先生のおっしゃっている『人生のしくみ』の素晴らしさ、『すべてはうまくいっている』システムがわかりかけてきたのです。そして、うまくいかせるコツもわかりかけてきました。

『すべてに心から感謝する』

簡単なことなのですが、この行為こそ、じつは幸せになる最大の原動力だったのです。

……」


このうれしい手紙は、新しいシーズー犬、テディが笑っている写真の入った、特製の便箋《びんせん》で書かれていました。ペットロスの悲しい体験の後に、こんなすてきな、天からのプレゼントが待っていたのですね。

動物たちも、私たちと同じように、プログラムを持って生まれ変わっているようです。

たとえ死んだとしても、いつか再会できるとなると、悲しみも一時的になってきますね。

ある年の十二月に、東京の恵比寿ガーデンプレイスで、クリスマスのイルミネーションを見て楽しんでいたら、何と猫のお散歩をしている人がいました。その猫は、首輪とリードをつけて、まるで犬の散歩です。飼い主をぐいぐい引っ張っていました。犬の意識を残しているのか、しぐさまで犬っぽいのです。鼻でくんくん嗅《か》ぎながら周りを堂々と探索していて、びっくり。飼い主に話しかけたら、本人が、いえ、本猫が、好きでいつも散歩しているのですと。この猫は、明らかに前世は犬だったと思います。皆さんの周りにも、意識が違っているペットがいませんか？

人生のシナリオは決まっている？

一九九二年頃、アメリカ人でサイキック能力のある男性に、トランプとタロットを使ったリーディングを受けたことがありました。

「いまはエネルギーを消耗しており、癒しを受ける時期だが、いずれ元気になったら、ヒーリングに関しての講演やセミナー、ワークショップをやったり、雑誌に癒しや健康の記事を書いたり、晩年はどんどん本を書いていくよ」と言われました。

いま、たしかにそのとおりになっているのが、不思議です。やはり自分の人生の計画を生まれる前に立てているのでしょうか？

そして、チベットのことまで言われたのです。

「晩年にチベットに行くことになっている。マスター（精神性を高める指導者）たちと再会するはずだから」

晩年とは、何歳のことをいうのでしょう？　いろんな疑問点が、どんどん出てきます。

私もクリニックでは、退行催眠ではなく、リーディングの方法で過去生療法をしています。遺伝子のＤＮＡに、アカシックレコードと呼ばれるその人の魂の歴史がプログラムとして組み込まれていて、それがサイキックな人によってリーディングされ、本人に通訳されるのだそうです。たまった感情を解放するときにそのエネルギーがイメージ化されて、感じられるのです。

あなたは、いまの自分の人生は、生まれるときに自分の手でプログラムしたものであると聞いて、どう思いますか？

「もう決まっているなら、努力しても仕方ないし、つまらない！」

「やっぱり、なるようになっているのは、そのせいなの。じゃ流れに乗っていればいいのね！」

と、人によって、感じ方が違ってくると思います。

私たちは、さまざまな体験をしながら、自分で決心して、大きな変化をしていると思っています。ところが、その変化の経過までがまるで、巨大なお釈迦《しゃか》さまの手のひらの上で強がっていた孫悟空のように、すでに「人生のシナリオ」に書かれているとしたら、ショックではありませんか？

まるでビデオのように

人生がいろんな時代で繰り広げられるしくみを、わかりやすく本にたとえることができます。紙一枚が一つの人生だとすると、たくさんの人生を体験した人ほど、分厚い本になるのです。たとえば、まだ地球での生まれ変わりが三回と少ない人の場合、一回の人生を紙一枚とすれば、まだ三枚ですから、ホッチキスで留めて、すぐに目を通せてしまいます。

そんなホッチキスで三枚のケースをご紹介しましょう。東京でクリニックをしていたころの患者さんです。

一風変わった夫を理解できず困っていた主婦の方から相談がありました。夫の職業はカメラマン。常識が通じなくて、コミュニケーションに困っていたのです。

彼女を通じて、彼のエネルギーを読み取ってみました。まさに、「ホッチキスで三枚のケース」でした。彼はまだ、地球に来てまもなくて、地球に慣れていないのです。生まれ変わりといっても、なにも地球だけとは限りません。他の星からやってきた人もいるのです。そして彼は、それまでの三回の人生もそれぞれに短くて、今回ようやく長い人生を計画していました。

「先生、それって、夫はほとんど宇宙人なの？」

「そう思ったほうが、わかりやすいと思います。カメラマンになったのも、珍しい地球を一生懸命に撮《と》っているのでしょうね。彼のことを、いま来たばかりの宇宙人と思えば、コミュニケーションが難しいことも、きっと許せると思うわ」

「ああ、そういう理由ね。とっても納得です。いままで悩んでいたのが、バカみたい。すっと楽になりました。だから、彼はいつも面白がっていろんなものを撮っているのね」

彼女は、一回のセッションですっかり納得して、夫に対する意識を変えることができました。そういえばと思いあたることが、次々に面白いほど出てきたと言って、喜んでいました。

あなたの周りにも、似たような人がいませんか？

他には、逆に三百回も地球で生まれ変わっている人もいます。紙三百枚となると、もはやホッチキスでは留まらず一冊の本になります。これは、かなり読みごたえがあります。

内容も、バラエティに富んでいて、面白い人です。それは即、その人の人格ににじみ出ています。

話が面白く、懐も深くて、めったなことでは腹を立てません。すべてにこだわらず、こうでなくてはいけないというう るささがないのです。たくさんの人生を体験すると、人間が丸くなるのですね。まるで良寛さんみたいですね。私は、自然体で生きた良寛さんが大好きです！

あなたは、自分が何枚くらいになると思いますか？

最近は映画やビデオの時代なので、このごろはそれをヒントに、ビデオをたとえに説明するようにしています。

あなたの人生は一本のビデオテープで記録されていると考えてみましょう！

あの世に帰り、懐かしい人々に再会したあとで、今回の人生のビデオを上映して、みんなでそれを見るのです。不思議なビデオで、自分の決断や行為によってその後の状況がどのように変化、波及していったかを自分でも見ることができるのです。

自分の愛の行為が、その後にさまざまな人々を幸せにしたということがわかったときは、感動的です。逆に悪気はなくても自分の言動で人を傷つけた場合は、どうしても見ていて反省したくなります。

そして、次の人生では、そうしないようにと決意するのです。

このビデオは、自分の人生の読み取りの深さによって内容が変わってしまうので、その人の意識レベルに応じていかようにも変わってきてしまいます。

だからこそ、不思議なビデオなのです。

先ほど、人生を一枚の紙にたとえましたが、ビデオにたとえてもわかりやすいのです。

もちろんこのビデオも、生まれ変わりの回数で本数が違います。

あなたのビデオは、何本くらいだと思いますか？

まだやり残しがあると思う人は、そのビデオの続きを別の人生でも撮り続けるのです。それを宗教的には、「カルマの解消」と呼んでいます。

そのままでいいと思う人は、続きをしなくてもいいのです。誰からもしかられたりしません。

現在は、文明の発達のおかげで交通機関が便利ですから、簡単に前回の人生を過ごした場所にも行くことができます。そのため、いろんな人生のビデオの続きや撮り直しができるようになっています。そこで、私たちは、生まれてくるときに自ら盛りだくさんのプログラムを組むようになっています。

本当に「ブラボー！」です。

つまり、「総集編の時代」なのです。

今生のビデオと、過去生のビデオが同時に撮影されている感じ、まさに「パラレルワールド」になっています。今回、いろんな時代のビデオの続きや撮り直しをしようと決めてきた方は、とてもカラフルに忙しくなっています。でも自分で決めてきたのなら、やるしかありませんね。

どんなビデオにするかは、自分次第です。だったら思い切り楽しいハッピーエンドにしましょう！

それでは、ご自分なりの「パラレルワールド」を楽しんで下さい！

「人生の謎解き」もね！

じつに、面白い時代ですね。

そして、過去生のビデオの撮り直しや、続きを撮るために「過去生療法」が出現しました。

どの人の人生シナリオも、それなりに波乱万丈です。あまりにも大変なので、その解説書として「前世療法」や「過去生回帰」に関する本が、「あの世」から「この世」にも登場してきたのです。


「人生のしくみ」に含まれている過去生療法

いまのところ、過去生療法は広義の意味では、次の方法や状態で行われています。

① 退行催眠療法ヒプノセラピィ Hypnotherapy
② 過去生リーディング Past life reading
③ ヴォイスヒーリングによる誘導瞑想《めいそう》
④ 寝ている間、夢の中での過去生回帰

⑤　突然の過去生フラッシュバック
⑥　直感で思い出して、感情解放をする
⑦　自動書記、または左手による自動描画
⑧　チャネリング
⑨　多重人格症
⑩　あらゆる不可解な症状や疾患

①②⑧の退行催眠療法、過去生リーディング、チャネリングは、助けが必要ですので、第三者に依頼することになります。

退行催眠療法の場合は、ヒプノセラピストの誘導に従って、意識をいろんな段階に深めていって、過去生のイメージを自分で見るのです。自分で見ないと納得できない人におすすめです。日本にもヒプノセラピストが増えてきました。

逆に、自分を信頼できない人には、専門家にお任せして代わりに見てもらう過去生リーディングやチャネリングをおすすめします。

③のヴォイスヒーリングによる誘導瞑想は、現在、私の講演会やセミナーでも行っています。瞑想中に私がナレーションで誘導していくことで、皆さんは過去生の場面へと意識を深め、イ

メージとしてそれを感じられるようになります。これを自宅で、自分でもできるように「森の瞑想」というCDを作りました。ただ、ヴォイスヒーリングは、気持ちよくて、ぐっすり眠ってしまい最後まで聞けないCDと言われています。睡眠薬代わりになっています。

⑦はアートヒーリングのワークショップやグループセッションで行っています。やり方は簡単で、スケッチブックとクレパスがあれば自宅でもできます。右脳が左手とつながっている原理を使って、普段使わない左手で絵を描くことによって、潜在意識のイメージを引き出すのです。過去生の誘導瞑想をした後には、過去生のイメージが自動的に描けることがあります。

私は、自分の癒しのためにアートヒーリングの本に出会い、絵日記のように描いていき、はまってしまいました。次々に描けば描くほど、たまっていた感情が吐き出されて、絵の中で解放されてゆくのです。そして、だんだん左手が慣れてくると勝手に自動書記のようになって、自分でも思いがけない絵を描くことが何度もありました。これらの絵が数年後に解明されて、謎が解けたこともありました。どこかで見たことがあると思った女性が、三年前のスケッチブックの中にいたと気づいたときは驚きでした。

⑤⑥は、意識が高まると日常生活の中で生じることがあります。私たちは、よく悪夢として過去生の怖いイメージを見て、不安や恐怖心を解放しています。

医学的に普段の夢は、朝方のＲＥＭ睡眠と呼ばれる、眼球運動が激しいときに見ています。

このときは、眠りが浅いのです。しかし悪夢の場合は、もっとも眠りが深いときに見るそうです。悪夢は潜在意識の不安や恐怖を取り除くために、よくできた浄化システムともいえます。たくさんたまっている場合は、何回かに分けて悪夢を見て解消しています。私も子供のときから、繰り返し見る悪夢がありました。大きな津波が襲ってくる夢です。それについては、最近になって謎解きができました。沖縄に移り住んだこととも関係があったのです。やはり自分の過去生の強烈な体験の一つでした。それはまた、第七話で詳しく述べます。

⑤は、既視《きし》体験（デジャヴ体験）と呼ばれていますが、「初めて行く場所なのに、なつかしくて来たことがあると確信を持つような強い感情が出てくること」です。これもよくある現象で、特に旅に出ると、たびたび見られます。

たとえば、あるフランス好きな女性が、仕事でも休暇でも年に五、六回フランス通いをしていました。そのたびに、ここを曲ったらこんな教会があるはずと思って道を曲ると、イメージどおりの教会があったなどの既視体験をしていたのですが、ある日、移動されていた石の彫刻の元の場所まで直感でわかったときには、自分でもびっくりだったそうです。こんなふうに、今生の自分が知るはずのないことを潜在意識は記憶しているのです。

それを、正夢のかたちで経験することもあります。夢で見た情景がそっくり現実化する場合です。

⑨⑩は症状や病気のかたちで、自然に現れてくる現象ですが、これもひとつの過去生療法と言えるでしょう。

多重人格症については、第四話の中で詳しく述べますが、多重人格は、本人の過去生の人格も含むことがあります。

現代医学でどうしても治らない不可解な症状については、フロリダ大学精神科教授だったワイス博士が、その著書『前世療法』の中で、外来の約四十％の患者さんが、それにあてはまり、過去生療法の対象になると述べています。

私のクリニックには、あらゆる治療を体験したもののうまくいかず、本を読んで過去生療法で治るのではという、一縷《いちる》の望みをかけて来院される患者さんがほとんどですから、その確率はかなり高くなっていると思います。

現在、啓子メンタルクリニックで行っている過去生療法は、⑨⑩の患者さんを対象にした②の過去生リーディングです。香り、クリスタル、ハンド、そしてヴォイスを使ったヒーリングをすると、たまっていた感情が出てきますが、そのとき私には、患者さんに関連する過去生のイメージが、患者さん自身の前に、立体映像として見えてくるのです。

たまに、患者さんの名前から⑧のチャネリングを自然にすることもあります。姓は、先祖を含む、ファミリーのエネルギーを表していますし、名は今生のテーマを表現しています。本人を知るには、下の名を聞いて感じてみるのです。

たとえば、啓子の名は、啓蒙《けいもう》、啓発の啓、「切り開く、パイオニア」の意味を持っていて、いまの人生のテーマをたしかに表現していると思います。波乱万丈の意味もあるから、漢字を変えてひらがなを使ったら、とアドバイスされたこともありましたが、波乱万丈だからこそ、患者さんのあらゆる悩みが理解できるのですから、このままでいいと思って大事にそのままの名前を愛しています。もちろん、変えたい方は変えていいのですよ。たしかに流れが変わってきます。でも、もとの名前も好きになってあげてください。

何回か受診しているうちに、④⑤⑥の現象が起きてくる患者さんもいます。意識がほどけて、やわらかく変化してくるからです。

意識がやわらかくなると、いままでのわくが取れてバリアフリーになり、いろんなことが感じられるようになるのです。人間は緊張すると意識は狭く感覚も鈍くなり、リラックスすると、意識は広がり感覚も鋭くなるようです。

過去生療法とは、特殊な能力の人によってのみなされるものではなくて、じつはすでにその人の「人生のしくみ」そのものに、含まれているのです。力を抜くと自然に自分でふと感じられるように、あたり前の流れの中に存在するものなのです。

総集編の時代を迎えて

数年前、二年連続してホピの居留地を訪れたとき、「ホピの予言の岩」を守っている長老に、二回ともお会いできました。ホピ族は、アメリカ・インディアンの中で、白人と唯一闘わなかった平和な部族です。

ホピ族の長老の話をまとめると、次のようなものでした。

「いまの時代は科学文明が進んで、再び大掛かりに地球を破壊しようとする流れが来ているが、人間の精神面は次の段階に進もうとしている。そこまで上がることができれば地球は大きく変わる。それまでに、いろんな天災や人災の試練はあるだろう」

そのときに、彼から聞いた天災や人災は、たしかに現実に現れています。ここで大切な点は、「精神面は次の段階に進もうとしている」というところです。実際、いま、資本主義社会が崩れてきて、共存主義社会に変わろうとしています。いろんな事が次々と起こる中で、着実に人間の意識は高まってきています。

一九九五年の阪神大震災以来、日本人の意識も物質主義から精神主義、本物主義へと移行してきました。震災そのものは大変な被害でしたが、多くの人々の意識を一瞬にして変革できるほどのチャンスでもありました。

二十世紀末から二十一世紀にかけての、この激動の時代こそが、精神性をぐんと高められる絶好の機会なのです。この時代だからこそ、いろんな過去生でやり残したこと、そのときの夢も実現できるのです。

発達した文明のおかげで、一つの人生でいろんな体験ができる時代です。懐かしい魂のふるさと、過去生の場所にも、飛行機に乗れば数時間で行くことができます。私たちは生まれる前に、これもやりたい、こんなこともできそう、そんなに欲張って大丈夫？　と思いながらも、胸を張って、「今回はきっとやります！」と宣言して、まるで魂の宿題を両手いっぱいに抱えながら地上に生まれてきたのだと思います。

だから、私たちの波乱万丈の人生は、いっそう意味があるのです。みなさんも、決してあきらめないで、いまの人生を十分に謳歌《おうか》して、味わって、楽しんで、あの世に帰りましょう！

まるで、おめでたい、ウルトラポジティブの人類代表発言ですが、たとえ一人であっても、「人類は素晴らしい、地球は大丈夫、これから私たちも、地球も輝く！」と断言していきたいと思います。そして、みなさんが元気になるヒントを提供していきましょう。

こんなふうに、この本は、「人生のしくみ」をいろんな角度から謎解きしています。

そして、それが、皆さんの「夢の実現」に役立ちますように！

第二話

人間関係のしくみ

男性がいい？　女性がいい？

地球の歴史では、古代は別として、このところずっと男性優位の社会構造を続けてきました。そのため、闘うことの好きな男性たちは、あらゆるところで戦争を繰り返してきました。私たちは生まれてくる前に、あの世で、「さあ、今度の人生は、男性か、女性か、どちらにしようかな〜？」と考え、いままでの過去生のデータを見ながら、地上の状況も眺めつつ選んできたはずです。いまの時代は、徐々に女性にもさまざまなチャンスが与えられて、虐《しいた》げられてきた冬の時代が終わろうとしています。女性が活躍をしてくると、平和な時代に変化してきます。男性性と女性性のバランスがとれてくるのです。

みなさんは、「男性に生まれてくればよかった！」とか「女性のほうが気楽でいいなぁ」とか思ったことがありませんか？

両親、とくに父親が子供に男の子を期待していた場合、女の子で生まれてくると、最初から親を裏切ったという罪悪感が植え付けられてしまいます。そのため、ずっと男の子のように振舞って、ズボンをはいたり、男の子の遊びをしたりと、自分の女性性を否定するようになってしまうことがあります。その結果、女性ホルモンのバランスを崩して体調にまで響くことがあります。

私のクリニックでは、それが過去生からの続きをやっているからだということがわかって、なるほどと納得する患者さんもたくさんいます。彼女たちに対して、「息子としての役割は、卒業です。○○時代の宿題が無事終わりました。おめでとう！　今日から、女性性を開いて、女性になっていいのよ！」

という不思議で楽しいアドバイスをすると、長年の苦しみから軽やかに解放されていきます。

最近は、生まれた子供が男の子なら喜ばれるということでもなくなってきています。

「息子にどんなお嫁さんが来るかわからないわよ。娘のほうが一緒に話ができて気楽でいいわ」

という価値観の人も増えています。多種多様の時代になってきました。

私たちは、男性にせよ、女性にせよ、どちらかの器を選んで、その人生での学びの内容にぴったりの性を決めて生まれてきますが、どちらになっても、男性と女性の両方のエネルギーを持って活動しています。

東洋医学では、体の右半身が男性エネルギー、左半身が女性エネルギーと言われています。

たしかに、どの武道を見ても、右で構えて前に出て闘い、左で受けて引いて守ります。

男性エネルギーは、勇気、革新、変化、行動、情熱、理性、リーダーシップなどの陽のエネルギーを表します。

女性エネルギーは、調和、育成、母性、維持、平和、従順、感性、芸術的能力などの陰のエネルギーを表します。これからの時代は、男性であっても女性であっても、持っている女性エネルギーを活性化することで、平和な、感性豊かな時代へと向かっていくように思います。

ずっと、女性として虐げられて嫌な思いをしてきた魂が、今度は、女性としての喜びと幸せを感じられる人生をプログラムしてきています。もちろん男性も男性優位の競争社会から脱皮して、女性からのいい影響を受けながら意識をやわらかく変えて、本来の自分に帰ろうとしています。バランスのとれた自然体の私たちに。

私の患者さんには、右半身ばかり、あるいはその逆の左半身ばかり怪我や病気をするという方が多いことにびっくりします。私もじつは、左半身に骨折や病気が目立ちます。それは、どうも過去生で女性のときの感情を引きずっている場合には左側に、男性のときは右側に現れてくるようです。

「怪我の功名」という言葉がありますが、怪我や交通事故もじつは、エネルギーレベルでいうと、大きな浄化だったり、変化するための応援だったりします。

本書の第五話のなかでも、自分の交通事故体験を語っていますが、これは悲運でも悲劇でもなく、まさに「怪我の功名」だと思ってください。たくさんのブロック（流れずに詰まっているエネルギー）が浄化されます。たとえ小さな怪我であっても、小さなブロックをはずします。その後で、流れが生じて、癒されていくのです。癒しとは、気（エネルギー）の流れをよくすることなのです。

ある男性が再診にいらっしゃったとき、松葉杖だったのでびっくりしたことがありましたが、その足が右足だったので、私は思わず、

「右でよかったわね。これで、男性エネルギーが流れ出して、行動化できるわ」

と喜んでしまいました。実際、この男性は夢があるのに、優柔不断で思い切れなかったのです。ベストタイミングで右側を怪我して流れがよくなったため、エネルギーのブロックが取れて、彼はやっと一歩前に乗り出し、夢の実現化に向かって見事に動き出しました。

いまは、あらゆる面で、バリア・フリーになってきています。男性だからとか、女性だからとかいうような枠をはめなくなりました。枠があるうちは、やる気が出ないし、本当に人生がわくわくしません。「枠を取ると、わくわくしてきます」

そして、大切なのは、遊びなのです。

遊ぶことでバランスがとれてきます。脳生理学的にいうと、視床と小脳が発達するのです。子供のころ十分遊んでいないと、この部分が未発達になって、社会に出てから人間関係で挫折したり、悩んで動けなくなってしまうのです。バランス感覚のいい人間に成長するためにも、

お子さんには、子供の時期に、十分な遊びの体験をさせてあげてくださいね。子供時代にまじめに勉強ばかりしてきた方は、どうぞこれから遊んでください！

こうして現代はさまざまな枠が外れてきた時代ですから、この本を読んでおられる読者の方にとっても、今回の人生はとくに大切な転換期だと思います。男性を選んでも、女性を選んでも、それぞれにバランスをとりながら、遊びながら、自然体になっていくことができる時代なのです。

だから、男性でも、女性でもいいのです！

子が親を選んでくるの？

人がこの世に生まれてくるにあたって、男性か、女性かを選んだ後は、何を選ぶのでしょうか？

次は、親を選ぶのだそうです。

私がこれまで過去生療法にかかわってきて一番衝撃的だったことは、親が子を勝手に産むのではなく、「子が親を選んでくる」ということでした。

両親から十分な愛情をいっぱいもらって、しかも尊敬できる場合は、「さすがだわ！　最高親の両親を自分は選んで生まれてきて、本当によかったわ」と心底思えるでしょう。しかし、親から虐待を受けたり、十分な愛情をもらえなかったり、インナーチャイルド（内なる子供）が傷ついている場合は、こんなことを言われてもすぐには受け入れられないと思います。

「私は、こんなに厳しい親を選んだ覚えはない！」

「私を虐待する親なんて、自分で選んだはずはない！」

と思わず叫びたくなるのではないでしょうか？

でも、「子が親を選ぶ」といっても一方通行ではなく、必ず子供になる魂が、自分の今回の「人生のシナリオ」を親に選びたい人に見せて、ちゃんと承諾をもらうのだそうです。

そのために適した親選びは、とても大切な要素でもあります。

「人生は舞台」とよく言われますが、「人生のしくみ」は、まさに舞台です。

前述したように、人はいままでの自分のいろんな人生のビデオを参考にして、次の「人生のシナリオ」を書きます。今回挑戦したいことや、また以前の気になるやり残しや夢を組み入れていきます。チャレンジしようとする内容が難しいほど魂の学びは多くなり、それだけ成長できて、さらに魂が輝くのです。

あの世では、思ったことがそのますすっと実現しますから、シナリオを書くといってもこの世のように面倒なことはなく、苦労しなくても、あっという間です。思えば、イメージすれば、それだけで書けてしまいます。それは、遺伝子、ＤＮＡに記録されるのです。

最近、ＤＮＡの中に、過去生の記録が入っていることまで、わかってきました。だんだん科学が追いついてきています。

そのシナリオを元に、次はキャスティングを、つまりどの役をどの人にお願いするかを決めていきます。もちろん主人公は、「自分」です。

次に大切なのが、両親。そして、もしその親が愛情表現できないという場合には、親代わりになる人（祖父母、姉兄、伯父、伯母など）。さらに妻や夫になる人、自分の子供たち、兄弟姉妹、友だち、先生、仕事仲間など。

学びの課題のハイライトに登場する大切な人々については、キャスティングはとくに慎重になります。

本当に、人生は舞台劇を創り上げていく段取りに似ているのです。

人生では、人間関係がとても大切な学びの場になりますから、どの人といつごろ出会うかといったタイミングが大切になってきます。とくに、人生の節目には、大きく次の展開に変化していくための、大事な情報や気づきのきっかけになる「せりふ」を言ってくれる人に出会えるように、きちんとセットされます。

皆さんも思いあたることがありませんか？

「あのとき、あの人に会わなかったら、いまの自分はなかった……」

と思えることが。

それも、じつは、自分の魂が前もって書いたシナリオのとおりなのです。だから、本当に「すべてはうまくいっている」と言いきれるのです。

私たちは、人間関係の基礎になる「信頼感」を、まず生まれてすぐに触れ合う母親から学びます。もし母親と信頼関係をもてないと、その後、友だちを作れなかったり、集団の輪の中にうまく入れなかったり、社会に出てからも、会社で適応が難しかったりと、後の人間関係に大きな影響が出てきやすいのです。

一方、父親からは、社会との交流方法を学びます。父親は社会の窓口なのです。男性エネルギーの出し方のモデルでもあります。父親と信頼関係をもてないと、社会に出ていくのが怖かったり、男性が怖かったり、行動を起こすのが怖かったりします。

あなたの親選びは、いかがだったでしょうか?

親子の縁の不思議

「自分は、いまの両親を選んだとは思えない!!」と言いたくなる人もいると思います。

両親とうまくいかず、父親や母親と衝突ばかりしている人にとっては、なかなか受け入れがたいものです。しかし、両親との間にとても難しい葛藤を抱えている場合、過去生では親子が逆転していた可能性があります。

たとえば、こんなケースがありました。私が那覇《なは》高校の看護科での特別授業で、カウンセリングのデモンストレーションをしたときのことです。生徒の中から患者役を選んで、彼女の抱えている問題を聞き出していきました。ほかの生徒たちは、このライブ・セッションに真剣そのもので、私たちのやり取りをじっと見つめながら、聞き入っていました。

「どんな悩みなの?」

「マイナスの思い込みがひどくて、何でも自分がやらなくてはと思ってしまって……」

患者役の生徒はそう答えただけで、もう涙があふれてきています。不必要な責任感と罪悪感で、ハートが詰まっています。私が代理の母になって、しっかりと彼女を抱きしめながら「生まれてきてくれて、ありがとう!」という愛の声かけをすると、彼女はワーッと激しく泣き出しました。

同時に、彼女の過去生のイメージが、はっきり出てきました。

場面は、ヨーロッパです。きれいな髪の長い女性が、やっと念願の男の子が生まれたのに、その子が病死して、激しく泣き崩れているシーンです。思わず、

「あなたのせいじゃない、あなたのせいじゃないわ。彼の寿命だったのよ。そのとき、十分な医療を与えてあげられなかったから、今生は、看護師を選んだのね。あなたはこれから、たくさんの患者さんを癒せるわ」

と、ハートの裏である背中をやさしくなでながら、ハンドヒーリングをしました。

「そのとき亡くした息子さんが、いまあなたの親になっているけれど、誰だかわかる？」

「はい、母だと思います」

「そうよ。だから、家ではいままであなたが母親役をやっていたの。もう十分にやったから、ふつうの娘に戻っていいのよ。幸せになっていいのよ」

彼女は小さいときから、なぜか看護師になると決めていたのだといいます。そして、下の子が生まれようとしたとき、どうしても男の子はいやだとダダをこねたそうです。結局は弟が生まれたのですが、彼女のためには、弟の元気な成長を見ることで、過去生での母親の意識が癒されたことになりました。これもすべてうまくいっています。彼女のいまの母親は、男性的だそうです。

「先生、いろいろ思いあたることがいっぱいあるの。私も、ヨーロッパの女の人がイメージに出てきて、息子のこともわかったわ。それに、私、フランスが大好きです」

と、とてもうれしそうに話してくれました。彼女自身にも、過去生のイメージが見えたのには、びっくりです。感受性が鋭いのですね。

話し終わった後、すっきりした顔をしていましたので、きっと納得できたのでしょう。たくさん泣いて、沖縄の花の香り、伊集ぬ花（イジュヌハナ）を嗅ぐことで、ハートに詰まっていた罪悪感をたくさん解放できて、楽になったと思います。

いままで、今生の母親である昔の息子さんを十分に再育児しましたから、これから娘として、のびのびと行動できると思います。

うれしいことに、彼女はその後、ちゃんと母親とこの話をすることができたそうです。そして、二人で抱き合って泣いたとか。素晴らしい！

母親は、それまでできなかった家事もするようになり、いままで子供のように娘に甘えていたのが、すっかり母親らしくなりました。ブラボーですね。

また、子供を虐待するケースで、母親と娘が逆転している場合もありました。

なぜ母親から冷たい言葉や体罰などのひどい扱いを受けるのか、悩んで来院した女性です。

彼女の過去生のイメージはとてもどっしりとした女性で、七人の子供がいました。

長女の下に、息子が六人いますが、母親は息子たちばかりを可愛がって、長女は小間使いのような扱いをされています。弟たちを可愛がる母親をうらやましそうに、娘が眺めています。

その母親と長女が、今生で逆転しているのです。

「そういえば、私も弟二人を育てたようなものです。母は子育てには無頓着《むとんちゃく》でしたから。でも、母は過去生で六人の弟たちを世話していたんですね。私は二人なので、母に比べたら負担が少ないのに、文句ばかり言っていました。何だか、いっきに母への怒りや悔しさが解放されて、楽になりました」

ほっとした表情になって、安心しました。それからは、娘さんのほうから母親孝行をするようになったそうです。

これらの二つのケースは母親と娘との逆転劇ですが、父親との葛藤の場合もご紹介しましょう。

ある男性は、父親が築いた事業を引きついでいますが、まだ父親が実権を握っているので、長男である息子さんは父親に抑えつけられている感じがして、とてもストレスがたまっていました。息子さんの奥さんが心配して予約を取り、クリニックのセッションを彼が受けることになりました。

彼の過去生は、アイルランドの青年でした。ある大地主（今生《こんせい》の父親）の養子になりますが、小作人の暴動が起きて命からがら逃げのびました。その後、彼はひと旗揚げるために、友人のすすめで新大陸アメリカに渡る決心をしました。ところが乗った船があの豪華客船タイタニック号でした。残念ながら彼は船もろとも流氷の海に沈んでしまったのです。そのとき誘ってくれた友人が、今生では、彼の長女になっています。

彼はびっくりして、

「そういえば、長女が小学校六年生のとき、『タイタニック』の映画を見に行こうと誘ってきたので、一緒に行きましたよ。それも何度も娘に誘われて、七回も見ましたよ」

「ビデオを買ってですか？」

「いいえ、もちろん劇場に通ったのです。あんまり娘がせがむので。でも毎回見るたびに、腹が立ってしょうがありませんでした。やっぱり、二人とも乗っていたんですか。いやぁ、びっくりだなぁ。もう一つびっくりなのが、アイルランド人だったことです。たしかに、アメリカやカナダへ出張したときは、必ずと言っていいほどアイリッシュパブに行って、朝まで踊ったり歌ったりして騒いでいましたから。ワールドカップのときなんかも、ついアイルランドばかりを応援してしまうんですよ。なぜ、自分がアイルランドを好きなのかが、やっとわかりました。自分が親父の養子だったというのも、わかるなぁ。いまもそんな感じですよ」

これまで私が診た過去生のうち、タイタニック号に乗っていて亡くなったという方は、十五人もいました。タイタニック号では千五百人が亡くなっていますから、その一％が来院したことになります。

長女が、本心は父親のことを好きなのに、父親が近づいてくると思わず引いてしまうのも、友人として、彼をタイタニックに誘って、二人とも亡くなってしまったことへの、罪悪感が残っていたからでしょう。

親子三代にわたる、それぞれの縁の不思議をかいま見ることができたケースでした。

不思議なことにこのセッションの後、彼の父親が柔軟になって、そろそろ息子に事業を任せたいという気持ちを表現するようになったということです。おかげで彼のストレスも減ってきたそうです。

彼の長女も、後日本人がセッションを受けに来院したので、過去の罪悪感を解放することができ、すっきりしました。

ファミリーでのアイルランド・タイタニック編が終了です。ブラボー！

兄弟姉妹の縁

兄弟姉妹の縁も不思議ですね。男性の場合、跡取り問題がからんでくるケースも多いので、長男かどうかも大きなポイントになってきます。過去生で長男だったのに家を出てしまい、後を継がなかった場合、もし本人が罪悪感を持ってやり直しを選んで生まれてくると、今度は逆に長男ではないのに両親の面倒を見ることになります。男性のみならず、女性でもそうしたくなってしまうのです。末娘で兄が三人、姉が一人いるのに、家を建てて親と一緒に住み、面倒を見たケースもありました。

しきたりや世間一般の常識に合わなくても、できる人が、やりたい人がすればいいのではないでしょうか。

長男が頼りないので、自然に次男や三男、あるいは末っ子が長男の役をするようになっているケースもあります。

沖縄では長男が仏壇を継ぐことになっていて、スムーズにいくときはいいのですが、長男はとかく甘やかされてしっかり育たないために、うまくいかずにもめてしまうケースもよくあります。そのことでの悩みで私のところに来院される方も少なくありません。その場合には、必ず長男役を務める方に、過去生での関係を知ってもらいます。それによって、安心していまの役を続けることを選ぶか、あるいは、もう十分やったからと一緒に認めてあげることで、本人は長男役を卒業し、次のステップに向かいます。

姉と弟で仲よく来院したケースでは、二人の過去生が、平安時代の貴族と官女という関係だったことがありました。実際、弟は京都の大学を選んで下宿していましたし、姉のほうは親との葛藤で実家を飛び出し、弟の下宿で三年間ゆっくり骨休めをしながら、京都を散策して過ごしたそうです。憧《あこが》れだった貴族の彼である現在の弟と、魂の故郷の地で一緒に生活でき、平安の官女は大満足だったはずです。

こんな形で、「過去生の夢がかなっていく」のですね。うまくプログラムできていてびっくりです。

同じように、姉と弟で来院されたケースで、過去生では兄と妹に逆転している場合もありました。二人はヨーロッパの騎士と美しい女性でしたが、いまもエネルギーとして、その雰囲気が残っていて、姉は凛々《りり》しく男性的な性格である一方、弟は髪を伸ばしていて天然パーマのカールが後ろから見ると女性に見えるほど、しぐさや体型が女性的でした。

弟さんのうつ状態を何とかしたいと、お姉さんが弟さんを連れていらしたのです。

このように、いろんな事例をご紹介すると、皆さんの周りにもあてはまるケースが見つかるのではありませんか？

兄弟の人数も、前に一人っ子で寂しい思いをした人は、次回大勢の兄弟姉妹のいる家庭を選んで生まれてきますし、多すぎて一人がいいと思った人は、次回一人っ子を選びます。

いままでに私が診た兄弟姉妹の最高人数は、十四人です。もちろん沖縄です。一三人が女性で、やっと十四人目に念願の長男が生まれたのです。沖縄では長男が大事ですから、母親が今度こそと、十四回ものお産をよくがんばりました。ブラボーです。

きっと次の人生では、子育ては休憩だと思いますよ。

皆さんの兄弟姉妹の縁は、いかがですか?

次の人生では、どんな設定にしたいでしょうか?

恋愛がしたいけど怖い女性たち

クリニックには、二十代後半から三十代後半の、恋愛ができない、できても長続きしないという女性たちがたくさんみえます。

彼女らは表面意識では「恋愛や結婚がしたい」と思っていても、潜在意識に「恋愛してまた傷つきたくない」「男性は乱暴で怖い」「恋愛しても必ずふられるの」「結婚はもうこりごり、一人で気ままに生きていきたい」などという否定的な思い込みが強く残っていて、たとえ頭で思っていても、気持ちが動かないという人がほとんどです。

東京でクリニックを始めて、しばらく同じパターンの女性が続けて来院されました。

過去生がローマ帝国時代のローマ兵士なのです。見た目はとても可愛くてチャーミングで、どうして恋愛できないのかしらと疑問に思うくらいです。

ところが治療を始めると、たくさんの怒りと罪悪感がたまっていて、それを解放するときには、筋骨隆々の立派なローマ兵士がイメージに出てきました。「この人がそばにいたら、どんな男性もたじたじだわ」としみじみ納得しました。

当時は大々的な戦争の時代で、戦いたくて仕方のない血の気の多い人たちが幹部に大勢いたのですが、部下の中には、体は大きくて頑丈でも心のやさしい平和主義者がいました。その兵士たちにとっては次々と残酷な方法で奴隷を増やしていくのが心苦しくて、大量の罪悪感がたまってしまったのです。

その罪悪感を「あなたは悪くない、あなたのせいじゃない、あなたは立派に仕事をしただけ。あなたはちっとも悪くないのよ」と十分愛をこめて、抱きしめると、わーっと大泣きして、大解放されます。そのとき、ローマ兵士も男泣きをするイメージが、見えるのです。

罪悪感を癒すときに、助けになる香りは、ネロリ（オレンジの花）、沖縄の北部で咲く伊集ぬ花（イジュヌハナ）、そして香りの女王とよばれるバラの花、ローズです。

大量の感情を解放すると、ローマ兵士がにっこり、すっきり笑顔で天使と一緒に光へ帰っていきます。そして、見事にその女性に彼氏ができたのです。

でも再診のとき彼女に、「先生、効きすぎよ！」と言われてしまいました。

「過去生療法が効きすぎるって、どういうこと？」

「一度に、五人の男性からアプローチがあったの。一人にしぼるのが大変！」

「えっ！　五人も？　一人分けて欲しいわ」

「友だちにも、同じこと言われました」

と贅沢《ぜいたく》な悩み。その後も相手をしぼり込んでは、またアプローチする男性が増えるということが続き、しばらく五人の男性をキープしていましたが、結局は、一人を選んで落ちついてきました。

ローマ時代の魂の宿題が、終了したことになります。結構、過去生からの感情を引きずっていることが多いのだとびっくりしました。

これを読んで、じゃあ私も過去生療法をしなくては、とあせらなくても大丈夫です。このしくみがわかれば、自分のパターンを見つけて対応できるのですから。

何かが進もうとする自分の足を引っ張っている感じがしたら、「これは過去の感情が引きとめているに違いない、これに引きずられずに勇気をもって前に進んでみよう。大丈夫だから、過去とは違う選択をしてみよう」と決心してみてください。これをやることで、自分の感情を意識し、さらに分析しながら、自ら意識変革のプロセスを進めていくことになり、古いパターンから抜け出すことができます。

この「決心すること」が、とても大事な変革になるのです。

今回の人生で「私は、すてきな恋愛と結婚をします！」と決心してみてください。意志を言葉にすることで、言霊《ことだま》パワーが作動を始めます。

とかく、恋愛は運命だとあきらめてしまう人が多くて、自分で決めて切り拓《ひら》いていけることを忘れています。

「恋愛が怖い」と思い込んでいる女性（もちろん男性も）の多くは、過去生で「愛の告白」をして深く傷ついてしまったため、また今回も傷つくのではと恐れて、前に進めなくなっているのです。

また、表面意識では、「恋愛をしたい」と思っているつもりでも、じつは、潜在意識では「また傷つくのは嫌だから、恋愛はこりごり」と思っていたりするのです。こうした人たちは「愛の告白」のプログラムのひっかかりを持っている人も多いようです。今生で思いきって告白をしてみることが、古いマイナスのパターンをなくす大きな第一歩になる場合があります。

ある女性など、結果はともかく、「愛の告白」をすることが立派なひとつのプログラムだと聞いて、「じゃあやってみるわ」と勇気を振り絞り女性のほうから告白してみたら、とんとん拍子に事が進んで、そこまで期待していなかったのに結婚までできた人もいました。彼女は過去生では男性で、今回の相手の男性はその時代、身分の高い女性でした。過去生ではこの女性に愛の告白をしたのですが相手にしてもらえず、そのときプライドが深く傷ついたのです。しかし今回性が逆転して、女性のほうから思い切って告白することで過去生の宿題もかたづき、めでたくゴールインしたということなのです。

なぜか女性の自分のほうからプロポーズしてしまったという経験のある方は、このパターンかもしれませんよ。もし彼のほうが細かいことにも気がついて女性的な性格であれば、なおさらその可能性が高いですね。

もうこれからは、男性だから、女性だからという枠で行動を決めつけるのは、やめましょう。その時々で違いますから、そのときにやりたいことを思い切ってやってしまいましょう！　長年の気になる宿題が片付けられて、すっきりしますよ。

ソウルメイトのしくみ

皆さんは、「ソウルメイト」という言葉を聞いたことがありますか？

アメリカのフロリダ大学精神科の教授だったワイス博士の著書『魂の伴侶』（山川紘矢・山川亜希子訳、ＰＨＰ研究所）の中で、魂の縁が深い患者さん二人が、強い絆《きずな》で結ばれていく過程がとても興味深く書かれています。博士自身は、二人が過去生で恋人同士であったことを過去生療法の中で知っていたのですが、それを二人には伝えずに見守っていたのです。運命の二人は手助けをしなくともちゃんと「ソウルメイト」として、魂の約束どおり出逢って結ばれるようになっていました。

ソウルメイトとは、くり返される生まれ変わりのシステムの中で、恋人や夫婦、親子など、まるで何度も配役を替えるかのように、次々といつも人生のどこかで触れ合っている、とても縁の深い魂のことをいいます。

だから必ずしもソウルメイトと結婚するとは限りませんし、意外にもソウルメイトと呼べる人々はまわりに多いのです。でも、結婚を意識している人々にとっては、とても気になる存在ではあります。

いまの私たちにとっては、「結婚」は人生の中でとても大切なでき事の一つです。

結婚したくてもなかなか縁がないまま三十代を迎えてしまって、もしかして過去生に何か原因があるのかと思って来院される方も多いのです。

「結婚をしたいけれどできない症候群」といえるでしょう。

きっと、このことに悩んでいる読者の方もいると思いますので、参考になるケースをいくつかあげてみましょう。

二十代後半の女性で、母親ととても仲がよくて、いつも一緒にいるケースです。

過去生療法で出てきたイメージは、この母娘はネイティブ・アメリカンの恋人同士だったというものでした。イメージとして出てきたのは、広大なグランドキャニオンを舞台に、娘はその時代、精悍《せいかん》な青年で、今生の母親が美しい娘なのです。

いまでも、二人は恋人のように仲よしです。いつも楽しそうにおしゃべりしたり、一緒に買い物に出かけたりします。ただ、娘がそろそろ結婚適齢期を過ぎそうなのに、なかなか伴侶としてピンとくる男性に出会えないのが悩みです。

じつはその時代、その美しい娘をめぐって二人の青年が争いました。恋人である彼に恋敵《こいがたき》が出現し、闘いになったのです。ところが、争っているうちに彼は足を滑《すべ》らして、崖から落ちてしまいました。そのとき、意識でつながっていた娘は縫い物をしていたのですが、ふと彼の身の危険を感じて岩を駆け上ると、そこで恋人が落ちて亡くなったのを発見しました。そして自分も崖からダイビングをして、折り重なるようにして、後を追って亡くなったのです。

何ともダイナミックな悲恋です。そこで今回の人生では、二人は母と娘として一生縁が切れない関係を選んでいます。

過去生の説明をしたときに、その娘さんがびっくりして、

「先生！　私は母と一緒にグランドキャニオンへ旅したのです。そのとき、胸が苦しくなってパニック状態になりました。救急車を呼んでもらって病院に担《かつ》ぎ込まれたのです。そのときは、大好きな場所に来たのに、なぜ具合が悪くなるのかしらと思っていたのですが、過去生の関係を知って、深く納得できました」

彼女は、セッションの後、うれしいことにすてきな男性と出会って、結婚もとんとん拍子に決まったそうです。

次は、三十代の女性のケースです。姉たちはすでに結婚して、彼女一人が両親と同居していました。別に両親からずっと同居してくれと頼まれたわけではないのですが、何となく結婚せずに、ずっと両親のそばにいたかったのだそうです。親孝行な娘です。ところが三十代になると、本人が、そろそろ本気で結婚したくなりました。それで、セッションを受けることになったのです。

彼女の過去生のイメージには、中国で人生を送った時代が出てきました。そのときは、いまの両親が男女逆転して父親が彼女の姑《しゅうとめ》だったのです。つまり、彼女は長男の嫁でした。そのとき十分に長男の嫁の役割を果たせなかったという思いが残っていて、今生では、自分の意志で実家にいて、中国時代の続きをしてきました。だから、いままで結婚をしなかったことも意味があったのです。

「もう十分やったわよ。結婚してもいいんじゃない?」の声かけににっこり。中国編はもう終わりにしてもいいのです。

彼女には自分の分と、父親の分の「インナーチャイルドの癒し」（第六話を参照）をすすめました。そして約半年後に、とてもやさしい人に出会って、いまでは結婚へ向けてのすてきなお付き合いをしています。

二つのケースを紹介しましたが、結婚相手だけがソウルメイトなのではなく、母親や父親、姑でさえ、ソウルメイトなのです。あなたの人生の舞台で、大事な脇役の人々のことですね。劇団の団員みたいに！

いま、あなたは自分の人生の主人公をしていますか？

あなたの脇役の人々も大事にしてくださいね。

夫婦の縁の不思議

ソウルメイトでも、夫婦になる場合は縁が深くて、何度も夫婦をくり返すことが多いようです。それを聞いて、「えーっ、嫌だわ！」という顔をされる方々をよく講演会で見かけます。

クリニックで診ている患者さんの中には、過去生で夫婦が逆転しているケースが多いのです。そのことをお伝えすると、「やっぱりね」と大いに納得されるのがとても不思議です。

「やっぱりそうでしたか、夫のほうがまめで、料理、洗濯、掃除も上手です。子供のあやし方も上手なので、過去生は逆だったのではと思っていたんです」

と、夫婦で赤ちゃんを連れて講演会にいらした若いご夫婦と、楽しい会話になりました。赤ちゃんを上手に抱っこしていたのが、ご主人の方でした。写真を一緒に撮らせてほしいと言われて、ふと赤ちゃんを見たら、とてもしっかりとしていて威厳があります。

すると、ニコニコしている赤ちゃんの隣に重なるようにして、チベットのお坊さんのイメージが、それも高僧が見えてきました。

それを若夫婦に話したところ、ご主人が「やっぱり！　瞑想《めいそう》のときに、自分がその高僧の弟子として学んでいる姿が出てきたのです」と、後からうれしそうに報告してくれました。

どことなくどっしりとした威厳も、魂からにじみ出ていたのですね。とても感動的な出会いでした。

次に、どうしてこの夫を今回の人生で選んだのか、その理由を知りたいと夫婦で来院されたケースをご紹介しましょう。

奥さんは長年、躁鬱《そううつ》病のご主人の看病にかなりのエネルギーを注いでいました。そのストレスはとても大きかったのですが、なんとか離婚をしないでがんばってきました。ここで、お二人が夫婦になった理由がわかれば、これからもやっていけそうだというのです。

まず、奥さんのほうからセッションをしてみました。

クリニックでは、安定剤を処方しないで自然界の恵みである香りやクリスタルなどを使って、たまっている感情エネルギーを解放していきながら、過去生のイメージをリーディングして、それをお伝えしています。

このケースでは、中国での過去生が出てきました。お二人は、父と娘でした。父親は少し威張った役人で、いまの夫です。少しわがままな性格ですが、父を尊敬し慕っていた娘が、いまの奥さんなのです。彼女は父親以上の男性はいないと、どんな縁談も断って結婚しませんでした。そのときの思いがかなって、今生で結ばれたのです。

もう一つ別の人生では、お二人とも女性でした。江戸時代の場面でした。日本の有名な映画監督黒澤明の作品「赤ひげ」を思い出させるようなシーンでした。精神病の娘と、その娘を世話する小間使いの若い娘です。私は映画が大好きで、黒澤明監督の全作品を見ていますので、すぐ「赤ひげ」をお二人に見るよう勧《すす》めました。いま、躁鬱病の夫を世話している奥さんが、以前は精神病をわずらった女性で、そのとき世話をしていた小間使いが、いま病気で世話になっている夫なのです。ちゃんとお互いに立場を変えて、体験をしていることになります。

「先生、お話のすべてが思いあたるから不思議です。以前の私は、とてもわがままでしたが、主人の看病をするうちに、少しずつよくなってきたと思います。江戸時代に、私の看病を主人がずっとしてくれたのだったら、納得です。お互いさまなのですね。よく考えたら、今生の私のほうがずっと楽かもしれない……」

「もう一つイメージが出てきたのが、いまの息子さんです。彼は、そのときの医者で、それも『赤ひげ』のような、情の厚い素晴らしい人でした」

「えーっ、やっぱりそうですか？　それはとてもわかる気がします。彼はいま看護師を目指しているのですが、とてもやさしくて、人望があります」

と、いろいろ納得して、気持ちが楽になったようです。

しばらくして、奥さんから手紙が来ました。ご了解をいただいて、その一部をご紹介します。

「……いつも、もやもやしていた気持ちがすっきりしました。『赤ひげ』のビデオを二回見ました。二回目は息子たちと一緒に。いまは、主人に対して、感謝といとおしい気持ちでいっぱいです。時々腹が立つこともありますが、話が通じるようになったことがうれしいです。……息子が『赤ひげ』のようなお医者さんだったと聞いて全然違和感はありませんでした。……誰もが悩みを話したくなる、そばにいるだけで人の心を癒すそんな雰囲気をもっています。いつも息子に助けられていたなぁと思います。小学六年生のときのノートに、医者になりたいと書いてありました。……」

やはり、縁の深いお二人でした。

セッション後、ご主人は無事仕事に復帰されました。沖縄が気に入られて、ファミリーでの沖縄移住計画がいまとんとん拍子に進んでいます。

しかし、せっかく縁があって、恋愛、結婚をしても、別れてしまう場合もあります。どんなに愛を誓っても、人のこころは移ろいやすく、縛《しば》ることができません。私が診た中で離婚回数の一番多かった方では、十二回もがんばった女性のケースがありました。彼女はとてもパワフルで魅力的です。

ただ、離婚再婚を繰り返してきたので、何とか落ち着きたいという悩みでした。本人も、チャレンジした夫たちもなかなかですね。

ヨーロッパでの彼女の過去生は、ドンファンのような、女性にもてる男性でした。たくさんの女性に「来世、必ず夫婦になろう」と約束したのです。そのため、その約束を果たさなくてはならなくなったというわけです。納得ですね。一夫多妻制の時代ならハーレムのように、昔の日本なら大奥のように、一度に約束を果たせるでしょうが、いまは一夫一婦制ですから、離婚再婚を繰り返したのです。

「そんなに約束したのですか？　それでは、しかたないですね。私だって、今度こそ、今度こそと信じて、毎回結婚したのですよ。最初から何回も挑戦するつもりだったわけではないのですから」

彼女のエネルギーと意欲にブラボーです！

いかがですか？　いろいろな「人生のしくみ」のお話は？

あらかじめ組まれたプログラムには、それぞれちゃんと意味があることが見えてきます。

そして、それを選んだのは自分であり、他の誰のせいでもないところが大切なポイントです。

それを前提にこれからの人生を歩んでいけば、「すべては自分の思いのままに」「すべてはうまくいっている」という気持ちで、楽しく自然体で生きてゆけると思います。

第三話

中毒から抜け出せない人へ

極道の本当の意味

過去生療法をやっていると、いろんな「人生のしくみ」が見えてきます。

その中で、「振り子現象」によく出会うのが、「極道」の場合です。

ふつう、「極道」というとヤクザの世界を思い浮かべますが、じつはクリニックにみえる患者さんの中には、ヤクザやマフィアと仏教の僧侶やキリスト教の司祭・牧師を、まるで「振り子」のように交互に生まれ変わっているケースがあります。

皆さんは、

「えっ、ヤクザとお坊さんを一緒に考えるの？」

と、びっくりされるかもしれませんが、ヤクザさんの世界も実際はかなり厳しい修業が必要で、組織を大切にし、仁義を通します。

東京で、タクシーの運転手さんから、

「いやー、この仕事をしていると、いろんなことが見えてきますね。どの世界でも、トップの人は品がいいですね。ヤクザさんでも大親分になると、腰が低くて言葉も丁寧《ていねい》で、じつに品がいいんですよ。下のほうにいくほど、虚勢《きよせい》を張って、威張って、がらが悪くなりますね」

と聞いたことがあります。

両極端に見えますが、じつは、ともに「道を極めようとする」＝「極道」として、なかなか共通している気がします。

私も昔、高倉健さんの任侠《にんきょう》映画にはまっていました。

子供のころも、よく「仁義をきる」まねをして、大人を笑わせていたものです。

「えーっ、お控《ひか》えなすって、お控えなすって。手前生国《しょうごく》と発するところ、北九州は玄海灘《げんかいなだ》、スズメが真っ黒、鼻毛も人一倍長いという、鉄の都、八幡《やはた》に生まれやした、チビな野郎でござんす。姓は越智。智恵を越えると書き、父の名は、範幸。母の名は、昭子。あっしの名は、物事をきりひらく、啓蒙《けいもう》の啓、啓子と申しやす。以後、お見知りおきを！」

と自分で口上を考えて、映画のまねをして遊んでいました。

一方、お坊さん遊びもしていました。

わが家の宗教は、弘法大師の真言密教です。小さいときから、弘法大師、空海さんが大好きでした。そこで父方の叔母が、三歳の私に付き合って、「弘法大師ごっこ」をしてくれたそうです。仏壇の中に掛けられている弘法大師の絵をまねして、私はゆかた用の絞りの帯を絵と同じように袈裟《けさ》がけにして、座布団三枚の上にちょこんと乗っていたとか。

叔母も向かいの座布団の上に座ります。そして、私は、いまクリニックでやっているのと同

じように、

「あなたのお悩みはなんですか？」

とたずねていたそうです。叔母が適当に答えると、

「はい、わかりました、それは、ムニャムニャしてください。では、次の方どうぞ！」

と、難しいことはぼかして、次々に、別の人の相談をこなしていく遊びをしていたようです。

確証はありませんが、自分の過去生の一つに、平安時代、武士から僧侶になったことがあったという面白い情報を得ています。いま考えると、子供ながらにも、その時代の影響が残っていたのかもしれません。

さらに、小学校六年生のときには、鈴木大拙《だいせつ》の本を家の書棚に見つけて、禅にすっかりはまってしまいました。学校から帰るとランドセルを置いて、そのまま自分の部屋で一時間くらい座禅を組んでいたこともあります。

「啓子、何をしているの？　こんな暗い部屋で」と母に電気をつけられたので、

「ママ!!　いま、座禅を組んでいる途中なの、お願い、邪魔しないでね」

と言ってまた電気を消して、母に怪訝《けげん》な顔をされたこともありました。

いま考えると、子供らしくない不思議な一面です。

私の魂の歴史にも、お坊さんとヤクザさんの「極道」を交互に経験した「振り子現象」があ

るのかもしれません。

人生の「振り子現象」を過去生療法で見る

いままで私が見てきた多くのケースの中から、さまざまな「振り子現象」をご紹介しましょう。

私の本（『生命の子守歌』）を読まれた、ある経営者の方が、怒りっぽいことを悩んでクリニックに来院されました。

過去生療法をしたところ、

「清水の次郎長さんのような、ヤクザの親分をしていたようです。性格は森の石松のように短気で喧嘩《けんか》っ早くて、正義感にあふれていましたよ」

と解説しましたら、

「えっ、先生、同じようなことを、不思議なハンコ屋さんでも言われましたよ。私のハンコを見て、清水の次郎長みたいなヤクザの親分だと言われたんです。びっくりですね。まあ、いまもヤクザのような仕事をしていると言えますが……」

「それだけではなくて、お坊さんの時代もありますよ。道を極めるのが好きな魂ですね。武士の時代もありましたよ」

「だから、刀が好きなんですね。模造品ですが、いろいろと集めているんです。本当は真剣が欲しいですね。城巡りもしたいし……。そういえば、車の中で『般若心経《はんにゃしんぎょう》』のテープを聞いているな～。自分がやりたいと思っていることにも、意味があるんですね」

「前の過去生の感情が残っていて、どうしてもにじみ出てくるものなのですね。あら、同じヤクザさんでも、もう一つ、アメリカのマフィアの時代もありますね」

「それで拳銃が好きで、たまに拳銃の専門雑誌を見るのかもしれませんね。そういえば、以前、ポーカーも異常に強くて、強すぎて……、いまではもうやりませんけれど。そういえば、若いころからバーボンもよく飲んでるな～。ふつうの人と同じは嫌でしたから、波乱万丈だったけど、大きく揺れる振り子を楽しんできたのかもしれませんね」

と、しみじみ。

面白いほど、過去生のイメージとその方の好みが、次々に一致していきます。

「自分の趣味も、一つ一つ意味があるのですね。面白いな」

「やりたいことは、全部やってしまったほうがいいのですよ。思い残しのない人生にしてください。

いまは『総集編の時代』と言われていますから、いままで培《つちか》ったものをひもといて、思いっきり楽しんだらいい時代なのですよ。好きなことをどんどんやってみましょう。

ヤクザさんだけでなく、お坊さんの時代もあったのですから、ボランティア活動や社会活動の仕事にかかわるのも、いいと思いますよ」

「じつはすでに、障害者のボランティア活動にかかわっているんですよ」

「それも、偶然ではなく必然ですね。どんどんやりたいと思ったことは、多面的にやってみてください。それも、道を極める『極道』から、楽しんで道を極める『極楽道』に切り替えていってください」

「『極楽道』ですか。むー、面白い発想ですね」

「『極楽道』を全国に広めていきたいのです。そのお手本が、あのかわいいイルカさんです！」

「海のイルカですか？　先生も、イルカが大好きですよね。先生につなげてくれた本の中にもイルカと泳いで癒《いや》された体験が書かれていますね。イルカに触れると癒されるのですか？」

「短気な人には、ぜひおすすめですよ。怒るのが馬鹿らしくなります。イルカは海の中の『笑いの天使』ですよ」

「笑いか……笑いがたりないのかもしれませんね」

「実際にイルカに触れなくても、イルカの写真やグッズを身のまわりに置くだけでも、イルカの楽しいエネルギーに包まれて癒されますよ。ぜひ、イルカを通じて、ほんまもんの『極楽道』を目指してくださいね」

なんと、「極道」の話からイルカの話までいきました。

ここまでは男性版の「振り子現象」のお話でしたが、もちろん女性版もあります。

ヤクザの姉《あね》さん、娼婦、マフィアの愛人と、仏教の尼さんやキリスト教のシスターという「振り子現象」です。

沖縄のクリニックに、本土から男性関係で悩んでいた女性が来院されました。

彼女が太ももに美しい竜の刺青《いれずみ》を彫り込んでいると言うので、頼み込んで特別に見せてもらいました。それは、青く神秘的に浮き上がって見えて、思わずうっとりと拝んでしまいました。

「先生、私ね、小学校二年生のときから、無性《むしょう》に背中に刺青を彫りたくてたまらなかったのよ。変でしょう?」

「べつに変じゃないわ、きっと意味があると思うわ」

たしかに常識で考えると、ふつうの家に育った女の子が、小学校二年生くらいで、背中に刺青を彫りたいとは思わないでしょう。でも、「生まれ変わりの科学」の説明では、なるほどと意味が見えてくるのです。

彼女の過去生のイメージはずばり江戸時代のヤクザで、背中に立派な竜の刺青を彫った「お竜姉さん」でした。親分の奥さんで、とても気風《きっぷ》のいいパワフルな女性でした。

そして、もう一つの過去生のイメージは、イタリアの娼婦でした。産んだ子供を修道院の前に捨ててしまって、その後、様子を見に行ったときにシスターに見つかり、話しているうちに自分もシスターになってしまったというストーリーでした。

やはりこのケースも「振り子現象」が見られます。

皆さんの中にも、娼婦のような妖艶《ようえん》な部分と、尼さんや修道院のシスターのような純潔で厳しい部分が、自分の中に極端に同居していると感じる方がおられると思います。

きっと、あなたにもこの「振り子現象」があって、道を極めてきたのでしょうね。

これからは、「極道」に「楽しみ」を入れて、「極楽道」に意識を変えてみませんか？

いままで二〇〇〇年間、宗教を通じて魂の学びをしてきました。それはそれで、素晴らしいものがありましたが、二十一世紀を迎えて、「宗教カルマ」として染《し》み込んできた、戒律やしがらみという「思い込み」を解放して、そろそろ自由になってみましょう！

「苦しみ」の中での学びの時代から、「楽しみ」の中での学びの時代へ！

レッツ極楽道!!

すべては極めるところから進む

私たち人間は、極端な体験をしながら人生を歩んでいると、「生きている」という実感がとてもしてくるようです。

私たちは、「振り子現象」を繰り返しているうちに、だんだんとその振幅が狭くなってきて、バランスがとれ、中心軸に近づいてくるのです。そうすると、極端さや、特別目立つエネルギーがなくなってきて、さりげなく、やさしく、おだやかに、特別目立たないけど、そばにくっついていたいような、何とも言えない「心地よさ」がかもし出されてくるのです。

その「心地よさ」が、タクシーの運転手さんが言っていた、「品のよさ」に通じてくるのだと思います。そして、これこそが、「極道」の「極み」だと言えます。

どんな道でも、その道を極めている人には、何とも言えない風格、品のよさがにじみ出ています。

いままでは、生まれてきた環境で品のよさが決まると勘違いをしていました。あらゆる分野でその道を極めると、自然に品性が磨かれてくるのですね。

これを過去生療法の中で見ていくと、面白い現象が浮き彫りになってきます。

人は中毒になると、それを何とかやめようと必死になるものの、結局はやめられずに、ますます中毒が進んでしまいます。この逆療法として、「その道を極める」方向に進めてみるという方法があります。そうしてしばらくすると満足して、意外にも、見事にその中毒を卒業できてしまうことがあります。

つまり、「その道を極める」とは、それを「こよなく愛して、とことん味わう」ことでもあります。

ふつうは、中毒症状の患者さんに「やめなさい」と止めますが、私の治療法はふつうじゃなくてユニークなので、「やめないで、極めなさい。もっと愛して楽しんで！」とすすめます。これは私自身が、あまのじゃくで逆説的な性格だからと言えるでしょうが、後で紹介するように、実際、さまざまな中毒や依存症に対してこのやり方を実践しています。

中途半端じゃなく、とことんやってみたら？　好きならやめないで、楽しんだら？　という哲学です。生き方道です。

あまのじゃくの心理

私たち人間はどうしても、子供だけでなく大人になっても、「あまのじゃくの心理」を持っています。

つい、人に言われたことの反対のことを、したがるのです。

一般常識の「こうあるべき」的模範解答のアドバイスには、とくに反発したくなるものです。

人は何とか自分を認めてほしいと、必死にがんばっているわけですから、こちらのアドバイスをとうとうと語るよりも、いったん本人の感情を受け入れてあげるだけでかなり気が済んでしまい、悩みなどが収まってしまうことが多いのです。

たとえば、夫婦問題で悩んで離婚したいと思っている人に、「離婚してもいいんじゃない、それだけがんばったんだから……」と認めてあげ、いろいろ話をきいてあげているうちに、その人の気持ちが済んでしまうようです。「がんばりなさい！」と励《はげ》ますよりも、かえって元気が出てくるのです。

じつは、みんながんばって生きてきて行き詰まっているのですから、これ以上「がんばれ」と励ますのは、とても酷なことなのです。

ですからクリニックでは、決して患者さんに「がんばって」とは言わずに、「十分がんばったのだから、ゆっくり休んで。嫌なことはやらないで、好きなことをしてみたら」とすすめるようにしています。

皆さんも、経験がありませんか？

せっかく「勉強しよう」と思っていたのに、親から「勉強しなさい！」と言われたとたんに、やる気を失ってしまったことは？

励ましているつもりが、「がんばって」と言ったために、かえって相手がやる気を失ってしまうことが多いものです。

「がんばって」の言葉の意味が、「まだ、あなたの努力が足りないから、もっとやりなさい！」というように伝わってしまうのです。いまの自分をちゃんと受け入れてもらっていないような気持ちになってしまいます。

精神科では、うつ病の患者さんには、「がんばって」の励ましは禁句になっています。逆に、自殺に追い込んでしまうからです。

うつ病の患者さんにだけの禁句ではなく、本当は、どんな人にも禁句だと思います。

ほんのちょっとの違いですが、「がんばってきたね、もういいよ、ゆっくり休んだら？」の言葉かけが、相手の緊張と不安をほどいてリラックスさせます。「がんばってきたね」と過去形の表現ならば、十分に癒《いや》しの言葉になるのです。

いまの相手の気持ちや状況をそのまま受け入れてあげると、相手は認めてもらったと感じて、ほっとして体も心もほどけてリラックス状態になります。それから、「やる気」がもりもり出てきて、次の一歩が踏み出せるのです。

以前、国立の精神病院で勤務医だったころに、小児精神科の外来を担当していました。そのときに経験した印象的なケースをご紹介しましょう。

問題行動の多い中学生の男の子の母親が、子供の対応にへとへとになって来院されました。

「先生、ウチの息子は、校則違反の革靴を履《は》いていって、先生ともめて学校に入れてもらえなかったり……、反抗して困っています」

「息子さんの革靴をぴかぴかに磨いてあげたらどうでしょう?」

「えっ、そんなことしたら、ますます図に乗って大変なことになってしまいますよ」

「これは逆説療法で、とても効果がありますよ。お母さんの愛がちゃんと息子さんに伝わりますよ。ぜひ、試しにやってみてください」

そして二週間後、お母さんからうれしい報告がありました。

「先生！　びっくりです。効《き》きましたよ。革靴を心をこめてぴかぴかに磨いたら、『こんなに光らせて、光らせすぎだよ』と言いながら、ちゃんとスニーカーを履いて学校に行きました。それから素直になって、口もきくようになりました。ありがとうございます。私は、校則に従わないあの子を責めてばかりで、気持ちを受け止めてあげるのを忘れていました」

息子は、母親が自分の味方だとわかると、とても素直になってしまうのですね。

相手の行動から愛を感じることができて、簡単に意識が変わります。そうすると、あっという間に心は変化していきます。

イメージとしては、「相手の心の隣に座る」という感じですね。

そのイメージが、相手に伝わると、とてもスムーズな人間関係になっていきます。

あなたも、まわりの人々の「あまのじゃくの心理」を読み取って相手の気持ちを受け入れてあげてくださいね。

ギャンブルの場合

この「あまのじゃくの心理」を使って、ギャンブル中毒の治療をしてみると、どうなるでしょう？

クリニックに、ゲーム機にはまってしまっている主婦の方がみえました。

「先生、やめようと何度も思ったのですが、いつも失敗して……先生で六人目です、ドクターを変えたのは」

「ゲームをやめないで、とことんやってみたら？」

「えっ、先生、私を止めないのですか？　初めてです。やめなさいと言わない先生は」

それには、過去生療法の情報の裏づけもあったからです。

彼女の過去生のイメージは、なんとアメリカのイタリアン・マフィアの若い男性でした。当時、「ポーカー王」として名が知られるほどだったのに、あるとき油断して負けてしまい、やけ酒を飲んだ後に自家用飛行機に乗り、岩に激突して亡くなったという壮絶なものでした。

今回の人生では女性として生まれてきたのにギャンブル中毒になり、それもトランプのポーカーでなく、ゲーム機のポーカーにはまってしまったのでした。なんと不思議な、でも納得できる話ではないでしょうか。

人は、過去生で思い残しがあると、次の人生でその思い残しを極めることで、やっと初めて満足できるようになるのです。

彼女は結局アドバイスどおり、罪悪感を持ちながらではなく、とことんやってみるという意識で望むことにしました。

ところが二週間たったら、あんなにはまっていたポーカーゲームにまったく興味がなくなってしまったというのです。

再診に現れた彼女は、びっくりしていました。

「先生、見事に逆説療法が効きましたよ。二週間できっぱりやめられたんです。自分でも信じられません。ほんとに、無理なくすんなりと。マフィアの彼は、どうなったんでしょう？　満足してくれたのかしら？」

「おめでとう！　本当にすっきりと、エネルギーも流れがよくなって、軽やかになっているわ。お見事ね。彼も、気が済んだみたいよ。ニコニコ笑っているわ」

過去生療法でイメージに出てきた人が、思いを遂《と》げることができてすっきりすると、その人自身の表情も笑顔になります。とてもわかりやすくシンプルです。

また、こんなケースもありました。

やはり主婦で、夫がパチンコにはまって仕事をしてくれないという悩みの相談でした。

「逆に、ご主人にお小遣いをあげて、『パチンコやってきたら』と受け入れてあげたら？　びっくりして、仕事を始めるかもよ」

と逆説療法をアドバイスしました。

「えっ……!!　そんなことしたら、図に乗って大変なことになりますよ。とんでもない！」

と驚かれてしまいました。

ちょっとこれは無理かも、と思っていたら、再診に彼女が現れて、

「先生!!　効きましたよ、あの方法が。どうせ行くんだからいいかと思って、お小遣いはもったいないからあげないで、言葉だけ甘くして『パチンコに行っておいでよ』と言ってみたんですよ。言うのはただですからね。そしたら、びっくりした顔をして、仕事を始めるようになったんですよ。ほんとに!!」

この報告には、さすがの私もびっくりでした。

まさかの大ホームランでした。

いつも大成功とは限らないかも知れませんが、クリニックにたまたまいらしたギャンブル中毒のケースは、こうして大成功と相成りました。参考にしてみてください。

アルコール依存症の場合

この逆説療法を、アルコール依存症の場合に活用できないでしょうか？

じつは、見事にそれで立ち直ったケースがありました。

妹さんの紹介で東京からいらした六十歳の男性です。奥さんを病気で亡くされてから、落ち込んで酒びたりの日々です。三人の娘さんは心配で、なかなかお嫁にも行けません。

過去生療法をしてみると、江戸時代の親分さんでした。なかなか派手などてらを着ていて、粋な姿です。

「先生、あっしは職人ですが、これで結構ヤクザな性分で、仲間も似たような奴ばかりでさ。中にはボクサーをやっていたのもいますよ。その昔は親分だったなんて、あっしらしいですな」

「奥さんが亡くなってから、大好きなお酒も美味《おい》しくなくなっているでしょう?」

「そうなんですよ。さびしくてね」

「また、再婚したらいいですよ。そうしたら、娘さんたちも安心して結婚できるでしょう」

「こんな酒びたりの親父のところに、誰も来やしませんよ」

「もっとお酒を味わいながら、感謝して飲んでみたら?」

「えっ、酒を止めないんですか?　お医者さんが酒を止めないのは、初めてですね」

「だって、お酒が大好きなんでしょう?　いまは苦い酒になっているけれど」

「そうなんですよ。最近は味わってなんかいませんね。仇《かたき》のように飲んでますね」

「お酒は世界中の神様が大好きなもので、『聖なる水』とも言われているほどです。もっとじっくり味わって、ありがたいと思って飲むと体に毒にはなりませんよ」

「いやー、目からうろこが落ちる思いです。先生のおっしゃるようにして飲んでみます」

と、昔の親分が、びっくりしながら帰っていきました。

そして、次の再診のときには、にこにこ笑顔で登場!

「先生!　いやー、おっしゃるとおりでしたよ。酒が美味しくなって、量がぐんと減りました。びっくりです。仕事も精が出て、毎日に張りが出てきました。まわりから、元気になった、顔色もよくなったと言われますよ。それに、感じのいい飲み屋を見つけましてね。そこへ行くとほっとするんですよ」

どうやら、親分は、いい人も見つけたようです。これで、父親思いの娘たちも、安心して結婚できるでしょう！　何より、妻を亡くした悲しみのうつ状態から、やっと抜け出せてほっと一安心ですね。

思いがけず、逆説療法で深酒がなくなって、いいお酒になりました。

もう一人、女性のアルコール依存症のケースをご紹介しましょう。

三十代の女性で、父親が酒豪、母親もアルコール依存症だったという、遺伝的にもお酒の強い方です。大学に入ってから、彼氏の影響で浴びるように飲み始めました。日本酒を飲むと記憶がなくなるのだそうです。亡くなった母親の場合も、いきなり飲みだして、別人格になったらしいのです。

第四話でも詳しく出てきますが、酒乱や酒が入ると別人格になる場合は、もっとお酒を飲みたかった霊が肉体に入ってきて、代わりに飲みだすのです。人格が変わったり、顔つきや目つきが変わるのも、肉体が霊にレンタルされているからなのです。

「生まれてきてくれてありがとう！　お酒のおかげで生きのびてきたのよ。もっとお酒に感謝して飲んでみてね」と代理の母となって、しっかりと彼女を抱きしめました。彼女は、ワーワーと大泣きして、胸のつかえを流しました。付き添って来たやさしい彼は、過去生で彼女の奥さんでした。そして彼女は、酒好きのバイキングだったのです。納得！

お酒をやめなさいと言わずに、感謝して飲むようにアドバイスしたら、次に再診でいらしたときには、自分の意志でお酒を飲まない日が増えている、とのいい知らせでした。

ちなみに、お花の波動水のフラワーレメディ（イギリスの内科医であるバッチ博士が考案。せせらぎの水を入れたボールに、摘んだばかりの花を何十個も浮かべ、午前中の太陽光線のもと、その花の波動を水に転写したもの）には、「レスキューレメディ」という素晴らしい癒しの効果を持つものがあります。それを飲むと悪酔いしなくなるので、ぜひおすすめです。

酒どころの新潟からいらした父親思いの娘さんが、母親が亡くなった後にうつになって深酒している父親のお酒にレスキューレメディを入れ続けたら、父親のうつがよくなって、元のように元気に働き出したという報告がありました。

皆さんも、お近くに似たようなケースがありましたら、いままでとは意識を変えてアドバイスしてみてくださいね。

禁煙できない人々

アルコールだけでなく、タバコの場合もこの逆説療法があてはまるかもしれません。

クリニックにみえる何人かの方に、試してみましたが、これまたびっくりするほど、すんなりとうまくいきました。その中には、過去生がネイティブ・アメリカンの時代だったケースが多くありました。ネイティブ・アメリカンは、たしかにタバコを愛していました。

患者さんにアドバイスをするときには、

「無理にタバコをやめないで、もっと一本一本を愛して、感謝して吸ってみたら？　満足度を高めたほうが、本数が減るかもしれないわ！」

とさりげなく、ささやくように言ってみると、プレッシャーがなくなって、かえってうまくいきます。タバコは肺ガンになるから、毒だからやめなきゃ、とタバコを愛するどころか悪者扱いしていると、その意識でそのとおりになってしまいます。

ちなみに、二〇〇三年、サラリーマン川柳の第一位は「タバコより体に悪い妻の愚痴」でした。

タバコを吸うおかげで、たまっていたストレスがふうっ～と出ていくのですから、害ばかりではないのです。なぜ皆がタバコを好きなのか、吸っている人々をよく観察していると、一本を最後まで吸い尽くしている人は少なく、そのほとんどが吹かしているだけで、吐くときに、ストレスを一緒に出しているのです。

「ああ、皆がニコチン中毒なわけではなくて、ただ吐き出したいだけなのかも。深呼吸をしたいのだわ」と、深く納得できました。

喫茶店でひたすらため息をつくのもかっこうが悪いですから、タバコを吹かして、ストレスのエネルギーを呼気《こき》とともに吐き出しているのです。

もちろん、「食事の後の一服が美味しい」というのは、また別かもしれませんが。

心地よく深呼吸できる場所といえば空気の美味しい大自然の中です。

だから近くの公園を散歩したり、週末に海や山に行くことによって、それこそ自然な形でタバコを必要としない時間をじっくりと持てるはずです。

心ゆくまで美味しい空気を吸いに行くという、「タバコからの解放」はいかがですか？

これは、タバコだけでなく、あらゆる中毒からの解放につながるかもしれません。

家族の中に、困ったヘビースモーカーがいたら、大自然に上手にお誘いください。

がみがみ禁煙をすすめるよりも、早道かもしれません。

「自分は幸せになれない」と思い込んでいる中毒の人にも、おすすめですよ！

第四話

光の仕事人

肉体と霊体のずれ

クリニックにいらっしゃる患者さんの多くは、神経症や抑うつ状態、そして、霊的に敏感で体調を崩している方々です。沖縄に来てからは、東京にいたときより、統合失調症（かつての精神分裂病、二〇〇二年一月より名称変更）のケースも増えてきました。

同じ精神病でも、文化の違いで社会の受け止め方が変わってきます。

沖縄では、先祖崇拝《すうはい》を土台として、本土よりも霊的文化が生活に密着しています。独特な言葉の表現もあります。たとえば、「サーサーする」（胸のみぞおちのところが、不思議な感覚を持つとき、霊的影響を受けているときをさします）、「サーダカ」（霊媒《れいばい》体質で霊的な現象に敏感なこと。生まれながらに徳が高いとされています）、「神ダーリィ」（霊が体に入ってきて、霊の言葉で話をしたり、暴れたりすること）など、これらの言葉は、日常生活でもよく聞かれます。ちゃんとその状態を乗り越えると、一つの登竜門というか、通過儀礼を無事体験したものとして、ユタ（沖縄で霊的相談にのっている人の総称）候補となれるのです。「神ダーリィ」現象は、尊い現象とされています。霊能者のユタさんに相談して、どう対応したらよいかをアドバイスしてもらいます。

統合失調症のケースの中には、この「神ダーリィ」が混ざっていることがあり、沖縄では、病気というよりも、神事をすることになっている選ばれた魂として大切に扱われているのが、なんとも素晴らしいと思います。

なぜなら、本当に「神一重」の領域だからです。本土では、せっかく神秘体験をしながら、精神病として、あたかも人よりも劣った存在のように扱われて、とてもプライドを傷つけられ、精神的トラウマを抱えてしまったケースに出会うことが少なくありませんでした。

沖縄では、ユタさんとチームワークを組んで、精神病の治療をしている精神科医もおられるほどです。さすが沖縄です。

エネルギー体としてこうした患者さんたちを診《み》ていくと、肉体と霊体のずれが生じている場合がほとんどです。そしてずれた分だけ、窓ができるのです。その窓の外から、光に帰らず、地上近くに残っている霊が顔をのぞかせて、ちょっかいを出してくるのです。

自分にちゃんとはまって、地に足がついた生活をし、明るく元気に人生を謳歌《おうか》している人は、霊体と肉体がずれていないため、迷っている霊のほうから見えることもないし、見えたとしても触れられないのです。英語では、この状態のことをグランディング（grounding）しているといいます。

つまり、いまの人生が嫌で、死にたいとか暗く悩んでいたりすると、だんだん肉体から霊体がずれてきて、エネルギーも暗〜く、重〜くなってきます。そうなると、同じ悩みで亡くなった霊と波長が合ってしまい、向こうから見えて、触れられるのです。

「あっ、この人なら自分をわかってくれるかもしれない、似ているから、ちょっと頼ってみよう」

と、肩に寄りかかります。寄りかかられたほうは、何だか肩が重いな〜と感じるわけなのです。

同じことをずっと悩んで、眠れなくて頭がぱんぱんに詰まっていると、ずきずきとひどい頭痛に悩まされます。これも、似たような霊が、自分と同じ思いの人がいると思って、頭の部分にちょっとくっつくのです。それでよけいに頭が重くなってきます。腰にくる場合もあります。男女関係の問題で悩んでいる場合です。

それぞれ、肩のコース、頭のコース、腰のコースなど、いろいろあります。

だから、「疲れている」と「憑《つ》かれている」が同じ音なのです。日本語は素晴らしい言霊でできていて、面白いですね。

今回の人生のプログラムは自分で立てたものであるといっても、表面意識ではその記憶を消されて忘れていますから、あまりにも人生がつらいと逃げ出したくなってしまいます。その思いが、肉体と霊体をずれさせてしまうのです。ずれた分だけ、その大きさで症状が違ってくるのです。

その仮説を、いよいよこの本の中で解説することになりました。

「光の仕事」の意味

私が沖縄へ移り住むことになったいくつかの理由の一つに、「光の仕事」のことを解明することがあります。

「光の仕事って、何?」と思われるでしょう。

まず、光とは、何を意味するのでしょう。

私たちは、肉体を器として、あの世から地上に降りてきた光そのものです。光のエネルギーなのです。光が、器である肉体を包むようにして、活動をしています。その光も、肉体の中心から外側へいくにしたがって、次第に粗《あら》い波動から、細かい波動に変わっていきます。まるで玉ねぎのように何重にも重なりあっているのです。

また、光の強い人、弱い人、大きな人、小さめの人など、人によってさまざまです。

私たちが使う「魂」という言葉の響きは、丸い球のように感じられます。でも実際は、虹の色のように肉体を幾層にも包む、光の十二単衣《ひとえ》のようなものです。肉体に近いところは体を包む楕円形《だえん》ですが、一番外側は大きな円の形になっていきます。そして、一番外側は、自分にとって関係深い人とお互いにつながっているのです。とくに恋人や夫婦、親子、親友など、縁の深い人間関係ほど、しっかりとつながっています。

この、人と人とのつながりのことを「縁」といいますが、この「縁」という字は「ふち」とも呼びます。日本語は、素晴らしい意味深さを持っていて、「縁がある」と表現するとき、光エネルギーの「ふち」がつながっていることを、ちゃんと示しているのです。まるで胎児とお母さんが、へその緒でつながっているように。

もう一つ面白いのは、何気なく使っているハートマークです。

これは、恋人同士のそれぞれの七つのチャクラ（エネルギーセンター）が、横につながったときの全体のエネルギーの形を表しています。愛し合うと、あちこちがつながって、二人並ぶとハート型になるのです。物事の意味がわかると、面白いでしょう?

前述した肉体と霊体のずれというのも、肉体から霊体がずれてくることなのです。ずれたところから、光エネルギーがもれるのです。それを霊たちが、光を欲しいともらいに来るのです。

ふつうは、死を迎えると、光エネルギーが肉体を離れて、軽やかにあの世（光の世界）へと旅立っていくのですが、肉体のすぐそばを覆っていた波動層に、重い感情エネルギー（恨みや憎しみや後悔など）が大量にたまっていると、重すぎて飛べないのです。迷っている霊はそうした重い者たちなのです。その重い感情エネルギーと波長が合ったときに、ぴたっと霊ちゃんが憑きます。そして、憑いた人の光エネルギーをもらうことで軽くなり、あの世へ上っていけるのです。

いままでの解釈だと、人は霊に憑かれると何もいいことがなく、運が悪いとか敏感でかわいそうとか、被害者として思われていました。ところが憑かれた人々は被害者なのではなく、自分で意識しないまま自分の光エネルギーを霊に供給して、霊が光に帰るお手伝いを立派にしているのです。私はこれを「光の仕事」と表現したいのです。

これは、本人が無意識でやっている消極的な「光の仕事」ですが、もちろん、積極的に祈ることでの「光の仕事」もあります。「祈り」はとてもパワフルな「光の仕事」です。

江本勝さんの『水からの伝言』（ＩＨＭ総合研究所　波動教育社）という水の結晶写真集の中に、五〇〇人の人がいっせいに同じ時刻に祈ったところ、それまでぐちゃぐちゃの結晶だった水道水が、見事に変化して美しい雪のような結晶になったという実験の写真があって、本当に感動しました。

うれしいことに、霊たちは光エネルギーをもらって光の世界に帰ったあともちゃんとそのことを覚えていて、感謝の光をお返しとして送ってくれます。

光に帰ると、光を返せるのです！

私も、たくさんの霊たちを助けているので、「霊からの光の恩返し」によって光をたくさんいただいており、どんどんパワーアップしています。ありがたいことです。

だからこそ、皆さんも「光の仕事」を理解してほしいのです。

精神科の患者さんの中で、とくに精神病の患者さんたちが、症状として持ちやすい「幻聴」や「妄想」なども、霊的現象として説明していくことが可能なのです。

いままで精神医学の世界ではタブーとされてきた内容に、いよいよ正面から取り組むことになってきました。そのためにも、沖縄で診療する意味がとても大きかったとしみじみ思っています。

霊媒体質について

アメリカ映画に「ニューヨークの幻、ゴースト」という面白い作品がありました。亡くなって霊ちゃんになった男性が霊媒師に相談に行って、恋人と話すための通訳を頼むというものですが、霊から見た世界を描いていてとても愉快です。

さらに最近は、「シックスセンス」という映画が大ヒットしました。霊が見える子供と霊になった小児精神科医の話です。両方とも自分に重なるので、まるで自分が二人に分かれたかのような不思議な気分で見ました。

　霊媒体質の人は、沖縄では「サーダカ」といいます。それらの人々は、霊が見えたり、気配を感じたり、霊的に影響を受けやすく、ときどき肉体から霊体が離れたり、出たり入ったりして不安定なのです。

　私も小さいときから霊媒体質でしたので、沖縄に生まれていれば「この子は、サーダカなのよ」と言われて、ちゃんと理解されていたでしょうに。残念ながら、まわりに理解者がいなかったのです。人ごみが苦手で、すぐにぐったりして、病院に駆け込んでは原因不明という診断でした。ホームドクターには「自家中毒」と診断されていましたが、じつのところは、「霊媒中毒」だったのです。

　まさか将来、同じ悩みの人たちの相談に乗るようになるとは、この当時は思ってもみませんでした。でも私たちは自分の体験したことを活用して、似たような人たちを引き寄せ、助けるようなシステムになっているようです。

　最近のクリニックでのケースを紹介しましょう。

　七歳の女の子が、霊媒体質＝「サーダカ」のため、学校に行くのが怖くて登校拒否になっていました。学校に行くと、頼ってくる霊の姿が、その子にははっきりと見えてしまうのです。

　しかも、担任の女の先生はスパルタ式のとても厳しい教育方式をとっていたため、バン！　と大きな音をたてて机を叩いて子供たちの注意を引いたり、おどかして子供をコントロールしようとしていました。その子は、その威嚇《いかく》する音にも敏感に反応して、怖がり、萎縮《いしゅく》してしまったのでした。ダブル・パンチです。

その子をヒーリングすると、担任の先生との間の、イギリス時代の過去生の関係が、イメージの形でちゃんと出てきました。今生の担任の先生は、イギリスの寄宿舎のある学校で、とても厳しい男の先生だったのです。

その後、その子は登校拒否という形でちゃんと意思表示しました。するとその先生からもっとやさしい先生に替わり、その子だけでなく、他の子供たちも救われました。じつは担任の先生も病気で苦しかったのです。それまで無理をして働いていましたから、その先生までもが治療ができて救われました。そして、その学校に気持ちが残っていた十人の霊たちも、霊媒体質のその子のおかげで光をもらえて成仏でき、光へと帰っていったのです。結局、皆がハッピーになりました。やっぱり、すべてはうまくいっています。

結果を見ると、登校拒否も霊媒体質も必要だったことになりますね。その子の「人生プログラム」にちゃんと書かれていて、そのとおり順調に進んでいたわけです。もちろん、クリニックでのセッションで、母子共に解説と癒しを受けることもあらかじめ決まっていたのです。

その子はクリスタルが大好きで、紫色のアメジストをとても気に入っていました。

アメジストは、霊媒体質の人にぴったりです。霊的成長を助け、霊的影響からも守ってくれる素晴らしい石です。自然に自分に必要な石を好きになるのですね。

　また、花の波動水である、フラワーレメディでは、「ヤロースペシャルフォーミュラ」や「マウンテンペニーロイヤル」がおすすめです。

　香りにも、ずれた霊体を肉体に正しくはめる手助けをするものがあります。辛い香りのものがそうです。ティートリー、ローズマリー、ペパーミント、ユーカリ、ジュニパーなどです。

「自分にはまる！」と唱えながらこれらの香りをかぐと、効果的ですよ。

　いまの人生が嫌で早くあの世に帰りたいと思っている人が来院したことがありましたが、私がティートリーの香りのビンのふたを開けた瞬間、「パシッ」とまるで音がしたかのように霊体が自分にはまったケースもあります。その人は、急に目の前の視界がはっきりして明るくなり、背筋まで伸びて、自分のパワーが戻ってきたような感じがしたそうです。

　いろんな香りで、たまっている感情を解放すると、

「先生！　眼鏡《めがね》かけてました？」

「このソファ、前からこの色でした？」

「前から、これありました？」

「わーっ、すごい！　世の中が明るくはっきり見える！」

「先生の顔って、前からこんな感じでしたか?」

というように、皆さんの視野が明るく広がって、喜ばれています。まるで自分が眼科医だったかしらと思ってしまうほどです。

「雲か霧がおおっていたかのようでした」

「薄いヴェールに包まれていたような感じです」

「いままで、いったい私は何を見ていたのでしょう?」

と皆さん、すぐに自分で感じられる変化に驚かれます。

それぐらい霊体が「ずれる」ということは、現実に感じられるのです。しかも「ずれ」がなくなって、自分にはまったときに、ようやく以前いかにずれていたかがわかるのです。

霊体を「はめる」ためにおすすめのクリスタルは、アメジストのほかに、クリアクォーツ、ヘマタイト、パイライト、ブラックトルマリンなどがあります。

いま沖縄では、自分に合ったクリスタルをブレスレット(腕輪)として、身に着けるのがブームです。さすが癒しの島の人々は、いいものへのアンテナが敏感ですね。

霊媒体質の人にも、ぜひおすすめですね。クリスタルに守られて、バランスがよくなりますよ。

霊媒体質の人は、決して損をしているのではなく、霊的被害者でもありません。「光の仕事」

をしているのですから、その自覚を持って、楽しくやっていきましょう。

迷える霊へ光の応援

前述したように、「光の仕事」をもっとわかりやすく表現すれば、「迷える霊へ光の応援」ということです。私は新しい言葉として、「光の仕事人」と呼ぶようにしています。かっこよい名前でしょう？　テレビの番組「必殺仕事人」からヒントをもらいました。

精神病の症状がひどく、たとえ社会での仕事ができないような人であっても、霊的には「光の仕事人」をちゃんとやっていて、大いに役立っているのです。そのことがわかると、それだけでも感動的です。

ある青年は幻聴と被害妄想に悩まされていました。当時、精神科で「精神分裂病」と診断されて、向精神薬を処方されたのですが、副作用で手が震え、口もろれつが回らなくなったため、わざわざ本土から沖縄まで来院されました。

彼の過去生のイメージは、カソリックの司祭さんでした。

教えのとおり、「いいことをしたら、死後天国へ、悪いことをしたら、地獄へ」と信者さんたちにお説教をしていたのですが、その司祭さんが、実際にあの世に帰ってみると、地獄がなかったのです。そこで、地獄と思い込んでいる、まだ迷っている霊たちを今生で導いているのです。そのため霊的に窓があいて、そこから光をたくさん供給しています。

「あなたは、昔、とてもやさしい司祭さんだったけど、人々に地獄があるとおどかしてしまったので、今回の人生では精神病になることを人生のプログラムとして、ちゃんと選んできたのよ。そして、シナリオどおりに、順調に病気になったのよ。声が聞こえるのは、霊体と肉体にずれがあって、その窓から霊たちの話し声が聞こえてくるからよ。幻ではなく、本当に聞こえているのよね。窓があいているから、そこからたくさんの光が流れて霊たちの世界に供給しているのよ。これは立派な光の仕事なの。本当にありがとう！　ご苦労様!!　あなたは、立派に『光の仕事人』をしているのよ」

「いろんな先生に会いましたが、こんなことを言われたのは初めてです。僕は病気になって仕事もできないし、生きていてもしょうがない存在だと思っていました。この病気になるのは、きっと前世でよほど悪いことをしたのかと、勝手に思っていました。僕の存在が、少しでも役に立っているんですね。『光の仕事人』ですか……」

と、彼がうれしそうに、副作用で震える手で、自分の手帳に「光の仕事人」と書いているのを見て、私のほうが、思わずもらい泣きをしてしまいました。

彼の姿が、かつての司祭さんの姿とダブって、やさしい人柄の暖かいエネルギーを感じました。

しみじみと、「なんて人間は素晴らしいのだろう!」と思いました。

東京でクリニックをやっていたときは、主に神経症やうつ病の患者さんが多く、精神病のケースは本当に少なかったのです。沖縄に移ってからは、精神病の患者さんが来院することが増えてきて、いろんな面がわかってきました。

統合失調症と診断されている方の過去生は、宗教者だったケースが多いようです。キリスト教の司祭や牧師さん、あるいは仏教のお坊さんなど、また時には、エクソシストの司祭の場合もあります。

もう一つ、そのケースをご紹介しましょう。

家族全員でクリニックにいらした、感動的な事例でした。

二十代の女性で、統合失調症と診断され、もう七年間も安定剤を飲み続けています。幻聴があり、被害妄想もありますが、不思議なことに、かなり自分の状況を分析、解説できるのです。それを目《ま》の当たりにして、本当にびっくりしました。

彼女に対して、あなたは光の仕事人として迷っている霊たちに光を供給しているのだ、そして体がずれているためにまるで窓があいている感じなのだということを説明していると、

「そうなの、窓があいて、そこから皆がのぞきに来るのよ」

「じゃあ、その窓を『閉める』としっかり思ってごらん」

と、相手の感じたものを認めて、逆にイメージ療法をやってみました。

それを手助けする香りとしては、ティートリー、ローズマリー、ユーカリなどが最適です。

いま現在の自分の意思決定は、何よりも強いパワーを持っています。

彼女もすぐに「窓を閉める!!」と強く思ったときに、

「先生、いま、閉まったよ！」

「閉まるとどんな感じがするの？」

「目の前がとてもはっきりして、明るくなるの。あの人たちの声も聞こえなくなるのよ」

と、実況中継のように教えてくれます。

彼女の説明を聞いていた家族もびっくりです。

「先生、娘がこんなことを話すのは初めてです。ちゃんと自分でわかっていたんですね」

「そうですよ。精神の病気だから本人には何もわからないと、まわりが決め付けているだけなのです。ちゃんと耳を傾けたら、何が起きているのか、どんな霊がのぞいてきているかまでわかってきます。これから彼女を『光の仕事人』だと思うことで、ごくろうさまと思えるようになりますよ」

「いやー、先生、娘のことを、いままでずっと病気で、社会的にも何もできずに困ったもんだと思っていたけれど、気持ちが変わりますね。見方を変えるだけでこんなに違うものですね。今日は伺ってよかったです！」

　家族の人にそう言われて、私もほっとしました。

多重人格症の場合

　最近話題の「多重人格症」のケースも、少しずつですが、受け持つようになってきています。これも、霊的なしくみを垣間《かいま》見るには、最適なケースといえます。

　複数のまったく別人の人格が、同じ人の体にはっきりと現れるのです。アメリカやヨーロッパではこれを題材に小説化され、日本でも翻訳されて話題になりました。

　いままでに私が診た「多重人格」のケースで、人格の数が一番多かったのが、五十二人です。それは、二十代の女子大生でした。母親が観察熱心で、多重人格の一つ一つを克明にノートに記録していました。ひとりずつ名前も性別も特徴も違います。食べ物の嗜好《しこう》が大幅に異なり書く字も違うのではっきり別人だとわかるのだそうです。

　観察していた母親の話によると、

「先生、たしかに本人ではない人格が、先生と同じ表現をしていましたよ。窓があいていたから入っていいと思ってこの子に入ってきたのだと。それは、他の霊が入ってくるのですか?」と、面白いことがわかりました。

「もちろん、霊が入ってくることもあるでしょうが、過去生の自分も入っていると思いますよ」

「この子は納豆が大嫌いなのに、他の人格になると平気で美味しそうに食べるのです。それで、この子ではないとはっきりわかります」

別人格になると食べ物の嗜好だけでなく、ファッションやしゃべり方、顔の表情まで違ってきます。

以前、テレビドラマ「存在の深き眠り」で、大竹しのぶさんが多重人格の女性を見事に演じていました。まさに女優の腕の見せ所ですね。地味で気弱な主婦と、派手で自由奔放《ほんぽう》な女性が、くっきりとわかりやすく描かれていました。

多重人格とは、本人自身が自分の感情や意志をはっきりと表現できずに自分からずれてしまい、他の人格に体を譲ってしまう現象です。たまっている怒りや憎しみを表現し、解放できると、自分を取り戻してだんだん統合されてきます。

これに対しては、グレープフルーツの香りが、怒りや憎しみなどの感情エネルギーの解放にとても役立ち、多重人格の統合に素晴らしい働きをしてくれます。

アメリカの報告では、多重人格症の人には幼少時、性的虐待を受けていたケースが多かったようですが、その場合は、とくに、グレープフルーツが助っ人になりました。この香りによって、悶々《もんもん》とたまっていた怒りの感情が、見事に吹き出てすっきりしてくるのです。

性的虐待の体験の特徴は、被害者が加害者でもないのに、不必要な罪悪感をため込んでしまうことにあります。よっぽど、一〇〇%そのままを受け入れてあげる体制でカウンセリングをしないと、患者さんはハートを開いて打ち明けてはくれません。そういう意味では、多重人格症のカウンセリングはかなり大変な、でもやりがいのある仕事です。

いままで、「精神分裂病」と訳されていたSchizophreniaが、二〇〇二年の一月に「統合失調症」という名称に変更されたことで、その病気の本質により近くなってきました。

日本では六十五年間にもわたって「精神分裂病」という病名が使われてきましたが、とくに「精神分裂」の表現が社会的に偏見《へんけん》を生み出し、患者さんの社会復帰にマイナスの影響を与え続けてきました。この名称変更の大改革を可能にしたのは、患者さんの家族の方々が粘り強く厚生省（現・厚生労働省）に陳情してきた賜物《たまもの》です。

私は、この「統合失調症」に多重人格症も含まれると思います。

多重人格症を理解することで、統合失調症についても、いろいろ明らかになってくることが多いのではないでしょうか？

現在クリニックで診ている重症の統合失調症の患者さんの中に、安定剤を一切使わずに、香り、クリスタル、フラワーレメディ、そして本人への「○○ちゃん、自分の体に戻っておいで」という言葉かけで治療しているケースがあります。

月に一回の治療を続けていますが、びっくりするほど変化が出てきて、本人自身でいる時間がどんどん延びてきています。この患者さんは四年間、精神病院に入院して薬漬けになっていましたが、まったく変化がないので、とうとう母親があきらめて退院させて、沖縄に連れていらしたのです。

当時は本人が口にする話といえばあまりにも支離滅裂な内容で、沖縄までの飛行機の中でも大声でわめいていましたが、いまでは自分でいる時間が長くなり、すっかりおとなしくなって、つじつまの合う会話もかなりできるようになりました。

支離滅裂《しりめつれつ》の独り言の内容を聞いていると、田園調布にこだわるブランド好きの女性、ヤクザさん、広島弁を話す人、京都弁を話す人、小さな子供など、いろいろと混ざっています。いろんな霊に体を貸している感じがします。毎日接している母親は、観察と分析がすっかり得意になってしまいました。

このケースで私は、多重人格症に対応するような感じで、「統合」と「自分にはまる」この二点に治療の要点を絞ってみたのですが、あともう少しという手ごたえを感じています。

ちょっとずれると耳鳴り、めまい

肉体から霊体が、ちょっとずれるとどんな症状が出てくるでしょうか？

よくみられる症状としては耳鳴り、めまいです。とくに耳鳴りは、慢性的にかなり長い間続けて出てくるので、慣れるまではとても苦しいのです。キーンとした金属音の場合やリンリンと鈴が鳴っている感じなど、症状はさまざまです。期間も一年ぐらいの人もあれば、三年も続く人もあります。細く長く「光の仕事」をやりたいと思って、それを「人生のシナリオ」に書いてきた人は、ちゃんと決めた長さの分だけ、それをすることになります。

クリニックにまさにこのケースにあてはまる方が来院なさいました。あらゆる耳鼻科をめぐっても良化せず、原因もわからずじまいでした。ところが、セッションを受けて「光の仕事」としてそうなっているとわかっただけでとても楽になり、あまり耳鳴りも気にならなくなりました。途中二回ほど、丸一日まったく耳鳴りがなかった日がありました。まるで突然の休暇のように、プレゼントが降ってきたのです。まだ耳鳴りは続いています。でも、もうそれにとらわれずに明るく生きることができるようになりました。ブラボーです。

めまいも、グランディングができていないときに起きるといわれています。これは、かなり重症だと、起き上がることもできずに、バタンと倒れて寝ているしかありません。めまいの場合は、できるだけ静養すること、そして、ラベンダーの香りがおすすめです。もちろん、貧血によるめまいの場合は、ちゃんと貧血の治療をしましょう！

現代病の一つに、耳鳴り、めまい、吐き気が起こるメニエール氏病という病気があります。これも「霊体が肉体からずれた」ために起きているのではないでしょうか？

私も、いままでに二度、ひどいめまいで寝込んだことがありますが、どちらも仕事のし過ぎでした。

耳のつぼに針を刺してもらって、本土での講演会を必死にこなしたことがあります。

このとき出会った不思議な針灸師《しんきゅうし》さんは、見るからに中国の仙人のような、ひょうひょうとした風貌《ふうぼう》でした。過去生で縁のある方だと、お互いに直感でわかりました。

その方からお聞きしたある体験談がとても感動的だったので、すぐに翌日の講演会でお話ししたことがあります。それを少し、ご紹介しましょう。

手術をして片足を切り落とした人が訪れて、切り落としたほうの足の先が痛くて眠れないと言うのです。病院で睡眠剤をもらっても効かないので、彼のもとへやって来ました。西洋医学ではこの現象を「ファントム・ペイン」と呼び、治す方法がないといわれていますが、たとえ肉体の足がなくなっても、それまで守ってきた意識体は存続しているので、寂しがって痛むのです。彼はちゃんと理解してあげて、なんと、切り取る前の足のあったところ（もちろん空中ですが）に、イメージしながら針を打ってあげたのです。

おかげで見事にその夜からぐっすり眠れたそうです。この話を聞いて、とても深い愛を感じました。ちょうど、その講演会で行った過去生療法のデモンストレーションも、中国時代のお話でした。すべてが、面白いように一つにつながっています。

私のめまいのおかげで、すてきな針灸師さんと今生で再会できたのです。

もう少しずれると抑うつ

悩んで眠れなくなったり、生きているのが嫌になってくると、気持ちが落ち込んで抑うつ状態になってきます。

肉体と霊体のずれも、進んでくると、さらにエネルギーが重くなってきます。気の流れが悪くなって、何をするのもゆっくり。優柔不断になって物事を決められません。やる気も起きなくて、どよ～んとしてきます。いかにも霊がたくさん寄りかかっている感じです。エネルギーをどんどん霊たちにあげるために、自分が使う分がわずかしかなくなり、動こうとしても動けなくなってしまうのです。事情がわからない家族やまわりの人たちは、これを見て、つい怠けているのだと勘違いしてしまいます。

最近診察したひどい抑うつ状態の女性は、何と四十七年間もうつ状態でした。「先生の本を読んで救われました。何度も読み返しているので、もうぼろぼろです。この先生ならわかってくれると思って来ました」と感動的な出会いになりました。

自分でうつ状態になりそうな予感があるのだそうです。その時期になると、家事も十分にできなくなります。そこで、料理を作り置きして冷凍庫にストックしておくのだそうです。こんな状態でも、主婦業をこなし、立派に三人の子供を育てました。ご主人も彼女を離縁せずに、ずっとそばにいてくれました。彼女のがんばりは、並大抵ではありませんでした。私も彼女のこれまでの人生の話に、思わずもらい泣きをしてしまいました。本当に、ブラボーです。

そして、治療を始めてみてびっくりしました。彼女のつらい苦しみ、悲しみ、怒りを解放していたら、彼女の過去生が、白い着物を着た霊能者のイメージで出てきました。そのあとに、暗い洞窟が見えてきました。中に人がたくさんいます。

彼女は沖縄戦で亡くなった方々でまだ迷っている霊たちを、四十七年間の「光の仕事」で、なんと、一五〇〇人も光に帰していたのです。一五〇〇人！　びっくりです。一人でこんなに活躍できるなんて。大尊敬です。

「沖縄戦で亡くなった魂をなんと一五〇〇人も、この四十七年間で光に帰すお手伝いをされていますよ。あなたは立派な光の天使です！　どうもありがとう！　長い間、ごくろうさまでした！」

「えっ、沖縄戦ですか？　私は戦時中、防空壕の洞窟の中で生まれたのです！　その洞窟の中にいた他の人たちは皆亡くなったのに、奇跡的に母が私を連れ出せたので助かったのです。でもその後の自分の人生があまりにもつらかったので、いっそあのとき私を洞窟の中に置き去りにしてくれたらよかったのにと、何度も思いました」

「えっ、沖縄戦の間に生まれたのですか！　やっぱり、あなたが奇跡的に生き延びたのも、意味があったのですね。もう、十分やりましたよ。もう、うつ状態を続けなくてもいいですよ。自分でもういいと決めてください。これだけ続けられたのは、あなたが霊能者だったときに、十分人助けができなかったと罪悪感を持たれたからです。もう十分だと思いますよ。これからは、楽しい人生を体験してください」

「先生！　本当に苦しかったです。人には言えない苦しみでした。本を読むことだけが救いでした。友だちもつくらなかったんです。本当に苦しかった……」

わたしは代理母として彼女をずっと抱きしめました。

私も彼女とは初めて会った気がしませんでした。魂の再会です。

彼女が、自分に対してもう十分と決められたときが、うつ状態からの卒業だと思います。

ヒーリングの後に長年の頭痛が取れたと、とても喜んでくれました。何回かの再診の後、苦しみがやっと取れて、「本当に楽です。生きていることに感謝です」と、すてきな笑顔になりました。

抑うつ状態にぴったりの香りは、ベルガモット、ラベンダーです。共に、不眠にも効きます。もっと効き目があるのは、カニ踊りです！　これは「すべてはうまくいっている」の言霊パワーと笑い療法を組み合わせたものです。抗うつ剤より効き目がありますよ。詳しくは、第五話と第七話を参考にして下さい。

もっとずれると統合失調症

抑うつ状態も、自殺願望をともなうほどになると、幻聴が出てくることがあります。さらに重症になると、妄想まで出てきます。そのため、うつ病と精神分裂病が単一精神病でつながっているという説まで出たことがありました。

もっとエネルギーが重くなると、自分の肉体と霊体がかなり離れてしまうため、霊が入り込みやすくなってしまいます。複数のしゃべる声が聞こえて、その内容も元気を無くす、暗くなるものが多いのです。

盗聴されているような気がするのもじつはあたっていて、霊たちが聞いていたりします。妄想として診断されることも、過去生でのでき事を一部混同している場合があり、すべて無視するわけにはいきません。アメリカの笑い療法の大先生であるDr.パッチ・アダムスは、初診に三〜四時間かけるそうですが、本当にじっくり聞こうとすれば、もっと時間をかける必要があります。

被害妄想や迫害妄想としてかたづけられてしまう話も、よく確かめると、今生《こんせい》ではなくて過去生に該当することがあったということがありました。

ある三十代の男性で、かなり病状は落ち着いてきて、寛解期《かんかいき》（症状が軽減または消失する時期）に入っている方がいました。彼は、ずっとあるグループに命を狙われていると信じて、おびえていました。

そして、彼を治療していると、過去生でマフィア時代に、あるグループに狙われ追いかけられて銃撃戦になっているイメージが出てきました。それが本当にあったのかを確かめるすべはありませんが、でも、その話を彼にしたときの彼のうれしそうな顔は忘れられません。

「先生、初めてです。やっと、僕の言うことを信じてくれる人に逢えました。十年たってやっとです。どこでも妄想だとバカにされ、笑われました。先生が言ってくれたイメージとそっくりの夢で何度もうなされて、眠れない日々が続きました。嘘じゃなかったんだ。僕の過去生に出てきたんだ。よかったです。先生、ありがとう！」と、うれしそうに手を握り締めて、感謝されました。

彼の長年の苦しみを思うと、自然にもらい泣きをしてしまい、しっかりと彼を抱きしめながら、ハートチャクラの後ろである背中を何度もさすりました。過去生の信憑性《しんぴょうせい》よりも、彼が癒されたことが、このうえなくうれしかったのです。

「変わった医者でもいいじゃないか」と、自分ながらにしみじみ思いました。

沖縄に移住したおかげで、東京では診られなかった統合失調症の患者さんに、より触れることができ、私自身、自分の仮説を確認できるようになったのです。

他の精神科医に比べてケースの数こそまだ少ないかもしれませんが、少しずつ謎解きが進んできています。

なにより、患者さん自身が、「光の仕事人」の説明を聞くことで元気が出てくることが、とてもうれしいのです。彼らの人生もちゃんと意味があるという「存在の素晴らしさ」を確認できるようになりました。さらに、患者さんの家族の方も、意識が変わることで希望の光がさしてきています。

レンタルクリニックとしての役割

以前、レストランのレジで領収書を書いてもらっていたときのことです。若いお兄さんが、「啓子メンタルクリニック」を「啓子レンタルクリニック」と書き間違えてくれて、はっと気づきました。これは、おもしろい！　と。しばらくは、「レンタルビデオみたいに、Dr.啓子を借りられたらいいかもね」「啓子先生を一日でいいから、レンタルできたらいいのにね」と笑っていましたが、その後沖縄に来て、東京にいたときよりも統合失調症のケースを診る機会が増えてくると、「彼らはまさに、肉体を霊たちにレンタルしているレンタルクリニックだわ」と考えるようになってきました。第三話でお話ししたように、アルコール依存症の方で、目つきや顔つきが別人のように変わり、一人では到底飲みきれないほどの量を飲んでいるケースなども、酒好きで生前もっと飲みたかった霊が、体をレンタルして思いを遂げているのだと思います。

病気の間に、霊たちにしか見えない「レンタルクリニック」を開業して、立派に「光の仕事」をしているのだと。これは、この地上では評価されませんが、あの世に戻ると大評価されるのです。でも現在では、あの世の常識の一つである「生まれ変わりの科学」がだんだんとこの世でも常識になりつつあるのですから、「レンタルクリニック」や「光の仕事人」の事実ももっと知られてきていいのではないでしょうか?

だから、あえてこのことを、本と言う手段で、みなさんにお伝えしたくなったのです。

かつて不思議な霊的能力を持っていると、魔女だと言われて迫害されましたが、いまはなんと、魔法学校のお話の本が、世界中で聖書に次ぐ大ベストセラーになり、その映画に人々が殺到する時代になってきました。

「ハリーポッターの大人気!」=「魔法解禁!」=「魔女もOK!」=「魔女狩りにあった人々も癒されて、癒しの仕事を堂々とできる!」

そして、いままで本人も知らずに「光の仕事人」や「レンタルクリニック」を開業してがんばってきた人々にも、希望の光がさしてくる時期がようやくきたのです。

もちろん、本人だけでなく、その人をずっと支えてきた人々にも。

彼らの家族の苦悩はこれまではかり知れないものでした。でもこれからは、その苦悩も努力も、いままで陰にいた存在が表にも出てきたことで、報われるときが来たのだと思います。

本当に「ブラボー!!」です。

そのサインが、二〇〇二年一月十九日でした。

家族の人々の長年の努力によって、「精神分裂病」という病名が「統合失調症」に改名されたことです。

患者さんや家族の人々にとっては、社会的偏見をなくすためでしょうが、これにはもっと深い意味があります。

「分裂」から「統合」へ。二〇〇二年の大きな変動の意味が、この病名の変化にまで現れるとは、面白い時代ですね。

ちょうどこのころ、那覇高校の看護科で「精神医学」や「精神看護」の授業をやっていたので、さっそく新聞の切抜きのコピーを配って、興奮しながら、生徒たちに報告をしました。

なぜ、私がこんなに大騒ぎして、大喜びをしているのでしょうか?

言霊学でいうと、日本語は、発するすべての声音が母音を含んでいるのです。そのため、日本語は世界で唯一の聖音を話す言語なのです。とてもパワーがあるのです。「分裂」から「統合」へ変わるということは、世の中がすべて一つの意識でつながっているために、すべてに通じる現象が起きてくるということなのです。つまり、社会全体も「分裂」から「統合」へ移行してきたのです。

やっぱり、二十一世紀にはいってからの変動は、まさに激動ですね。

そして、病気の内容そのものまで変化してきています。

人間の意識も時代とともに連動して高まっているために、「統合失調症」の患者さんの意識も高まり、いままでよりも病識がでてきています。自分から、治療をうけたり、入院したり、治療法を選んだりするようになってきました。病気の予後もよくなり、治る時期が全体に早まって、期間が短くなってきています。

これから、加速度的に「統合」が早くなり、霊たちが光へ帰るスピードも速くなってくると思います。

精神科医や心療内科の先生方も、ぜひこの変化に早く気づいて、いままでのやり方を変えていただきたいと思います。

患者さんを診察しているときも、暗い表情でなかなか治りませんよ、という雰囲気ではなく、「大丈夫ですよ。必ずよくなります。本人の治る力を信じましょう！」と言霊パワーを全開にして、明るく接してあげてください。

もしご自分で「光の仕事」の話が説明できないときは、「こんなユニークな明るい説を唱える精神科医もいますよ」と言って、この本をぜひ紹介してください。

きっと患者さんもご家族も内なるパワーがみなぎって、病気の受け止め方がすっかり変わってきます。もちろんドクターたちも。

ボケも光の仕事？

なんとボケ老人の場合も、肉体を霊たちにレンタルして、霊に対して光の応援をしていることがあります。東京で行っている癒しの助っ人セミナーで、そのしくみがわかりました。

「先生、私の母は、私が小さいときからとても愛情をかけてくれて、本当に感謝しているのですが、いまやボケて大変なので、もう腹が立つことが多くて……そういう自分が嫌で、苦しいのです」

「どんなふうに、大変なの？」

「異常に食欲があって、信じられない量を食べるんです。それに、十分お小遣いをあげてもお金への不安が強くて、あちこちに二万円ずつ隠すんですよ」

「そんなとき、お母様の顔が変わりませんか？」

「はい、別人のような顔つきになります」

この娘さんを通じて、母親の魂のリーディングをすると、中国時代の過去生では、彼女は大地主でした。天災のときにも小作人から搾取《さくしゅ》してしまい、その中には飢えて亡くなった人も多かったのです。今生では魂の宿題として、自分が何人分も食事をすることで、その霊たちに食べさせ、成仏させていました。お金のことも、じつは少しずつ分配しているからなのです。なぜ人はあの世に帰る前に、奇妙な症状でボケるのかが少し謎解きできて、なるほどと納得しました。

いま、老人介護は深刻な問題になっています。高齢化社会の中で介護する側が年金生活者になり、四苦八苦するケースが増えてきました。個々にいろんな問題を抱えながら、世話をする家族の苦しさを思うと、せめてボケにも意味があることをお伝えしたくなりました。

介護の大変さは変わらないにしても、気持ちが軽くなると思います。

ボケも、毎日同じ状態ではなくて、調子がよくて本人のままでいることもあります。ただ、寂しくなったり不安になったりすると、挙動不審になり、肉体をレンタルする状況を作ってしまうのです。

光の仕事は量的に決まっているようですから、目標を達成したら、そろそろお迎えの時期です。意識があの世とこの世を行ったり来たりし始めて、だんだんあの世に帰る時間が長くなり、あの世からお迎えが来ることを家族にも話すようになります。ボケるということで、この世を去る最後のぎりぎりまで、ちゃんと「光の仕事人」としての素晴らしい働きをしているのです。見事だと思いませんか?

引きこもり現象

最近、テレビや新聞でも、引きこもり現象を取り上げるようになってきました。全国的に登校拒否のケースもどんどん増えており、日本ではいま約十三万四〇〇〇人もいるといわれています。小学生が約三万人、中学生が約十万人です。

登校拒否のケースも、クリニックで診ています。参考までにご紹介すると、こんな事例がありました。

中学生の女の子のケースですが、彼女は登校拒否を続けているものの、一方ではうつ病の母親の世話をよくしてくれるいい子です。その子のリーディングをすると、少し前にあの世に帰ったばかりだというのです。幼稚園から小学校、中学校と、この間行ったばかりなので、またすぐに行く気がしないと。それよりも母親の病気のほうが心配で、学校に行っている場合ではないと聞いて、ごもっともだと思ってしまいました。

「あの～、もしかして娘は、おばあちゃんの生まれ変わりじゃないかしら。おばあちゃんは亡くなった後で夢に出てきて、すぐに生まれ変わるからと言ってきたんです」と母親の話。

娘さんの魂さんが教えてくれた「この間」とは、彼女の年齢だから十四年前です。おばあちゃんというのは娘さんにとって母方の祖母にあたり、十五年前に亡くなっています。時間的にはぴったりです。

「そうみたいよ」

「だから、私の世話をしたがるんだわ」

自分の母親が、自分の娘として生まれ変わってきたのです。だから娘なのに、母親のときの癖が残っていて、世話をやいていたのでした。

あんなに悩んでいたのに、その理由がわかると不思議に悩みがなくなってしまいます。あたり前に思えてくるのです。

あるテレビ番組に、引きこもりが二十五年間にも及ぶ男性のドキュメンタリーがありました。父親との長い葛藤が映されていましたが、これもなかなかのドラマですね。

彼が久しぶりに外に出て、子供時代の思い出の海を眺めるシーンがありましたが、笑顔がとてもすてきでした。根気よく、やさしくその男性に話し掛けているディレクターさんも素晴らしく、これは、ブラボーです。

こうした真面目な取り組みは、同じような引きこもりのケースに希望とヒントを与えてくれます。

引きこもりにも、登校拒否をして家にいることにも、ちゃんと意味があります。

親が子供を自分の理想の枠にはめようとしても、子供はその枠にはまらず、家庭内暴力、拒食症、登校拒否などの行動パターンで抵抗し、自分の意思を表現しようとします。

これは、ずっと我慢して「いい子でいること」を続けるよりも、精神的には健康的なのです。これも一つの行動です。受け止めて、認めてあげましょう。話をじっくり聞いてあげましょう。お説教をするのではなく、聞いてあげることが大切です。

引きこもりも、やはり本人の意思により、生まれる前に決めていたことなのです。だったら、尊重してあげましょう。そこから理解と共感と尊厳が生まれ、冬眠から覚める時期が訪れるのです。

お説教は一切しないで、黙って隣に座ってあげたり、にっこり挨拶をしたり、祈ってあげたり、一緒に遊んだりすることで、自然にほぐれてくるのです。

できれば、自然の多い気持ちのよい場所にさりげなく連れていってください。

あとは自動的に自然界の力がその人を包み込むようにして、それこそ自然に癒してくれます。海でも、山でも、川原でも、公園でも、人の少ないところから徐々に慣らしていけばいいでしょう。

私は、東京時代、引きこもっている中学生の女の子の家に、サーモンピンクとオレンジの花束を持って訪ねたことがありました。とても暑い日で、汗だくでやっとたどりついたのです。

本人は、何とか会ってくれました。

花束をあげたら、それを思いっきりたんすに叩きつけて、「こんなもん、こんなもん」と叫び出しました。私は、「ごめんね、ごめんね」と無意識に謝りながら、どうしたらいいのかわかりませんでした。つぶされて飛び散る花たちが痛々しくて、涙が止まりませんでした。そしてついには、ドアを閉められてしまいました。ドア越しに話し掛けても応答がなく、すごすごと帰りました。歩きながら涙が止まらなくて、何もしてあげられなかった自分がとてもみじめでした。つぶされた花たちの痛みも伝わってきました。

それからしばらくして、思いがけないときに、病院の外来にその子が来ていました。

彼女の手には、私が持っていった花束と同じ色合いの花たちが輝いていました！

「先生、あのときは、せっかく持ってきてくれた花をだめにしてごめんね。本当は来てくれてとてもうれしかったのに、自分でもなぜあんなことをしたのかわからない。でもあの後、声を出して大泣きして、とてもすっきりしたの。それから、少しずつ外出もできるようになったの。ありがとう！」

と、花束をくれました。私は、うれしくて、うれしくて、ただもううれしくて、涙がどっと出て、思わず彼女を抱きしめていました。

彼女の冬ごもりは、終わったのです。まさか医師が、家にまで訪ねてくるとは、思いもかけなかったのでしょう。これが、彼女の感情を解放するきっかけになったようです。

きっと、花の妖精さんたちも、応援してくれたと思います。

私たちは、あたり前のように、病院に入院している人へのお見舞いとして花を贈りますが、これもしっかり意味があると思います。花が持つ癒しのパワーも大切なのです。自然界からの贈り物ですから。


「タックルして、チュ！」「ハグして、チュ！」


前にご紹介したように、最近、霊媒体質（サーダカ）の悩み相談にくる患者さんに、究極の愛と笑いの方法をすすめて、びっくりされています。

「いまは、もう二十一世紀、霊を払っている場合じゃないのよ。これからは、霊に一瞬で光の世界へ帰ってもらうの、愛と笑いで。霊をタックルしたりハグしたりして、ついでにほっぺにチュをするのよ」

「えーっ、霊にキスするんですか？　聞いたことない。どうやって霊を払うかを聞きにきたのに」

「岐阜の古戦場に行ったとき、鎧《よろい》と兜《かぶと》を身につけた血だらけの武将の霊に会ったのよ。ふと親しみを感じてハグしようとしたら、背が足りなかったから思いっきりタックルをして、ほっぺにチュをしたの。そうしたら彼の血走った目がさらに大きくなって、これは怒られるかなと覚悟していたんだけど、彼の大きな目から涙があふれてきて、鎧や兜が自然にはずれていったのよ。そして天から三人の美しい天女が白い光に包まれて降りてきて、彼を包んだの、それは感動の場面だったわ。彼の傷も癒されて、白い着物に変わって、天女と一緒に光に帰ったのよ。

それから気をよくして、次々と、『タックルしてチュ』をやったら、どんどん霊ちゃんが成仏して、最後は引き気味の霊ちゃんを追いかけてまで、チュ！」

「えーっ、そんなことして大丈夫ですか？　霊を追いかけてまでキスするなんて、聞いたことがありません」

「そうよ、前代未聞のことをするのが大好きなのよ。そのときの最後の霊ちゃんは、若い少年のような小姓で、槍を持っていたわ。びっくりして、ぽっと頰を赤くして可愛かったの。彼も、にっこり笑って光に帰ったわ」

「私には、気配が少しわかるだけで、霊は見えないのですが、それでもいいのですか？」

「もちろんよ、かえって見えないからやりやすいのよ。見えたら怖くてできないわよ。私は慣れているから平気だけど。気配や体に感じる重さで、何となくこのへんと思ったところで、抱きしめるしぐさをしたりイメージするの。それだけで、霊ちゃんにはちゃんと愛が伝わるのよ。

ほっぺにキスができない人は投げキッスでもいいし、背中をやさしくさすってあげてもいいと思うわ。これは、究極の浄霊法ね」

こうやって、びっくりさせながら行う、新しい「瞬間でできる愛と笑いの霊助け」はいかがですか？

ちなみに、肩が重くて痛いという方は、肩に霊が頼ってきて、そのせいで重く感じるのです。霊媒体質の悩みを持つ十八歳の女性、ずっと慢性的に肩が重いことと、自殺願望に困っていました。ところが、講演会でこの新しい方法を聞き、びっくりしながらもだめ元《もと》でやってみたら、効果てきめん、すっかり肩の痛みがなくなって体がとても軽くなり、自殺願望もなくなって、生きる希望が湧いてきたそうです。

講演会でも、話をした後に、ミニワークとしてこれを皆さんで体験してもらうのですが、会場は笑いの渦になり、しかも、皆さんに、肩の重さや頭痛、腰痛も楽になったと、喜んでいただいています。

なにより素晴らしいのは、いままでの「霊を払う」という「排他的な冷たい意識」から、「愛と笑いで霊を抱きしめキスをする」という、「無条件の愛の意識」へと大きく変わることです。

霊に対する怖さがなくなり、ついでにほかの価値観までもが連鎖反応的に変わってしまうのです。中には、そんなことしたら、霊に取り付かれて大変なことになってしまうとおびえる方がいらっしゃるはずです。でも、こちらが愛と笑いの光でまぶしくなっているから大丈夫なのです。どうぞ、安心してやってみてください。体が軽くなりますよ。

「愛は怖れを溶《と》かす」のです。霊能者の多くは、霊が怖い存在だと思っています。ところが、「私たちは死んだら、全員がもれなく霊になる」のです。霊は脅《おど》したり、たたったりしません。「すべて恐れからくる思い込み」です。ある人々は、神様のことも怖い存在だと言って、脅したりします。ちゃんと拝まないから、たたるとか、バチがあたったとか。太鼓じゃないのに。

ありがたいことに、神と呼ばれる光は、私たちの中にちゃんとあって、外に求めなくても大丈夫なようになっています。だから安心！　もっと大らかに、大きな心で霊ちゃんとも仲よく、愛でくるんでしまいましょう！　私たちが、いずれ死んで霊になったとき、皆から「抱きしめてチュ」をしてもらえると思うと楽しみですね。いまから世の中に、この習慣を広めておきましょう！　これは、「老後対策」を越えて、楽しい「死後対策」です！

第五話

笑いの天使になろう

笑い療法のすばらしさ

皆さんは、毎日ちゃんとお腹《なか》を抱えて大笑いをしていますか?

笑うことは、なによりの健康法です。

毎日ちゃんと笑えている人は、心も体も健康で、バランスがとれています。

「いまに生きている」といっていいでしょう。

なぜなら、「いま」に集中できていないと、笑えないからです。

アメリカの有名なケースで、医師に見放されてまったく動けなくなった膠原《こうげん》病の男性が、笑いでよみがえったという話があります。治療法がないなら、最後は笑いしかないと毎日笑っていたら、どんどん体がほぐれて動くようになり、とうとう治ってしまったのです。よくなった後は、いかに「笑い療法」が素晴らしいかということを全国に講演してまわったそうです。素晴らしいですね。

よく言われるように、どん底を体験したら、その後は笑うしかないのです。私の治療例が、『サイキックドクター・神澤美香の不思議クリニック』(朝日ソノラマ)というコミックになって出ていますが、これが出たおかげで「過去生療法の精神科医」という看板ができ上がってしまいました。でも私の「過去生療法」は、皆さんがびっくりするほど歴史が浅く、一九九五年から始めたものですから、まだ数年しか経《た》っていません。

ところが、「笑い療法」のほうは長くて、二十年以上やっています。それでもアメリカの「笑い療法」の大先生でピエロのドクター、パッチ・アダムス、本名ハンター・アダムス氏に出会うまでは、あまりその自覚がありませんでした。

彼の「笑い療法」を取り上げた映画「パッチ・アダムス」を見たとき、私の医師としての哲学が彼のそれと同じことにびっくりして、それからすぐに行動を起こし、アメリカのワシントンまで会いに行くことになりました。

これも私の「人生のシナリオ」にきっと書いてあったのでしょう。彼との出会いで、本当の「笑い療法」に触れて、そのすばらしさをあらためて認識しました。

しかも、彼に笑いやユーモアの才能を認められ、いわゆるお墨付きをもらって、二〇〇〇年の九月には一緒に中国への慰問《いもん》旅行に参加しました。この体験をしてから、私はさらに笑いに目覚めたのです。

あのときアダムス氏に言われて、母に作ってもらったピエロの衣装が、いまでは講演会で大活躍です。作った母自身も、こんなに活用されるとは夢にも思わなかったでしょう。

洋裁が得意な母に、ピエロの衣装を二つ作ってもらいました。一つは虹のピエロ、もう一つはイルカのピエロです。

いま私は全国各地で講演会を行って皆さんの意識がもっとやわらかくなるお手伝いをしていますが、講演会の途中、聴衆の目の前で突然着替えて早変わりをお見せしています。これがちゃんと「笑い療法」の実践になっているのです。そのアイデアの素は、花の三十代のころにはまってファンクラブにも入った歌舞伎の市川猿之助さんの舞台での早変わりでした。

沖縄に来て初めて本を書くことができて、その出版記念講演会を沖縄で行ったとき、主催者には内緒で、舞台の上でいきなり着替えてしまいました。

最初は赤い帽子と赤いちりめんのワンピースを着て話していたのですが、ネイティヴ・アメリカンのホピ族の話になったとき、

「この衣装では、合いませんね！」

と言ってから、突然ワンピースのジッパーを下ろし始めたので、主催者がびっくりして、

「先生～！　聞いてない～！」

「だって、言ったら反対したでしょう？」

と言いながら脱いでしまいました。

もちろん、ワンピースの下にはちゃんとインディアンの服を着ていたのです。

頭に飾りを着けて、アクセサリーも取り替え、靴までインディアンのブーツに履き替えまし

た。バファローの太鼓を鳴らしながら、アメリカのアリゾナ州、セドナとホピの居留地に行ったときの話をしました。

参加者はもちろん目が点になって、大爆笑の連続でした。

「こんなに笑ったのは、久しぶり」「笑える講演会とは思わなかった」「いつ真面目な話になるのかと思ったら、笑っているうちに終わってしまった」「何も知らないで、友だちに誘われるまま来たので、どうせ眠ると思っていたら、最後まで聞いてしまった」など、皆さんの感想は講演会というよりも漫談のようでした。

講演の後にヴォイスヒーリングによる誘導瞑想を行いましたが、皆さんが目をつぶっている間に、またもとのワンピース姿に戻ります。もう一度変身をして二度びっくりさせるのが、私の「生きる喜び」です。

私は研修医時代から、Dr.パッチ・アダムスと同じように、患者さんを笑わせるのが「生きがい」でした。とくに、うつ病の患者さんの場合は燃えました。

笑いは「第七感」を開く

笑うということは、「いまこの瞬間」を意識できて、どんな苦しみからも解放されるということなのです。

「笑っていること」自体、すでに「生きる喜び」を味わっています。

この「生きる喜びを感じること」こそが、「第六感」の「霊感」を突き抜けた「第七感」なのです。

皆さんは、「第七感」＝「生きる喜びを感じること」が開いていますか？

どんなときに、「ああ、生きていてよかった！　生まれてきてよかった！」と感じられますか？

美味しいものを食べているとき？

大好きな友だちと楽しくおしゃべりしているとき？

恋人とデートしているとき？

大好きな犬や猫と遊んでいるとき？

旅をしているとき？

面白い本や映画に夢中になっているとき？

スポーツで汗をかいているとき？

大笑いしているとき？

私の場合は、たくさんあります！

好きな人と食事やドライブ、映画、旅を楽しんでいるとき。

野原で大の字になって雲を見ているとき。

海の中で、カラフルなお魚を見ているとき。

ガジュマルの木の髭《ひげ》を持って、もたれかかってお話をするとき。

クリニックで暗～い患者さんを笑わせたとき。

講演会やセミナーで皆が爆笑した瞬間。

大好きな沖縄に戻ってきたとき、「わ～い、沖縄にいま住んでるんだわ！」と思う瞬間。

大好きなクリスタルに出会ったとき。

トータルファッションが決まった瞬間。

ヴォイス・ヒーリングで皆が泣いているとき。

ふと、つらい中で、天使をそばに感じたとき。

まだまだいっぱい……

そうです。私たちは大好きなことをしていると、生き生きと目が輝いて「第七感」が全開するのです。

人によって、大好きなこと、わくわくすることは違いますが、笑っているときには確実に

「第七感」が開いていて、とてもリラックスしています。

笑い療法は、じつはとてもパワフルな治療法なのです。あなたも鏡で自分の顔を見ながら、にっと笑ってみませんか？

赤い鼻で誰でもピエロ

すでに述べたように、私は映画「パッチ・アダムス」を見て、ワシントンまで彼に会いに行きました。彼のとてもシンプルな笑いのもとは、その赤い鼻です。奇抜な格好をして赤い鼻をつけるだけで、魔法のように誰でもピエロになってしまうのです。

私は、彼に面白いとお墨付きをもらい、会った翌年には彼を含めた四十三人のグループで中国へ慰問旅行に行きましたが、そのときも、全員が赤い鼻のピエロになりました。

パッチのアシスタントにビーチ・クラウンという女性がいるのですが、彼女は愛称のとおり、海をモチーフにした独特の自作衣装を身に着けて、赤い口紅を武器（？）に、なるべく真面目で硬そうな男性を探しては、鼻に赤いマークをつけていくのです。

「ほんのちょっと鼻を赤く塗ると、幸せになるのよ！」と言いながら、次々とまじめな男性をハントしていくのです。それはもう大騒ぎです！

彼女のお気に入りは警官です。一番難しそうな人のほうが、チャレンジのしがいがあるのでしょうね。いつも警官のほうが根負けして、鼻を赤く塗られてしまうので、まわりの誰もが大笑いです。

鼻をただ赤くするだけのシンプルなことなのですが、まわりの人々を笑わせてなごませ、アッという間に友だちの輪ができてしまいます。

たとえ言葉がまったく通じなくても、ピエロになることで、どの国の人とも心が通じ合え、笑いで一つになるという奇跡的な現象をたくさん見ることができました。これは、なにものにも代えがたい貴重な体験でした。一つのカルチャーショックとでも言えるでしょう。

ピエロになるのが初めての私も、中国での二週間はとても強烈でハードな毎日でした。慰問旅行の詳しい内容は、二冊目の本『生まれてきて、よかったね！』（サンマーク出版）に書きましたが、思った以上に大変なワークでした。ワークとはワークショップのことで、体験学習をいいます。ただ話を聞くだけの講演会と違って、実際に体験することで知識が深く潜在意識に残ります。そして、次に必要な体験をするときに、いままでとは違った反応ができて、人生が楽しく変わっていくのです。

ピエロになることがこんなにもエネルギーを使うこととは思いませんでした。体験主義の私にも、意識を変えずにはできないことがあることにあらためて気がつきました。気持ちよく楽しくピエロをするには、とてもやわらかい意識が必要なのですが、そのことを頭で理解できてから実際にそうなっていくまでに、ちょうど二週間くらいかかりました。

そんなわけで、沖縄に帰ってからも、しばらくは話をするのも億劫《おっくう》なほど、へろへろになってしまいました。

交通事故も大浄化？

このときピエロになりながら、あまりに多くのエネルギーを放出したために、いつのまにか私の中では大きな意識変革が起きていたのです。いままでの常識や人に笑われることの恥ずかしさが、すっかり崩れ去ってしまったのです。それも無意識のうちでしたから、自分の気持ちが整理できずに未消化のまま日本に戻ってしまったため、立て直しに時間がかかったのです。

その後、私を大きく目覚めさせるためのとっておきの天使のしわざが待っていました。それが、交通事故でした。

皆さんは、えっ、交通事故？　とビックリされるでしょう。でも、人間のエネルギーを大きく変えるためなら、天使たちは何でも活用するのです。たしかに表面的には、交通事故は運が悪い、困ったことに思えますが、それがどうも、別の視点で見ると、とんでもなくプラスの面が隠されていたのです。

その事故は、二〇〇一年一月六日、二十一世紀の年初に起きました。クリニックの仕事始めの日、昼休みに自宅で昼食をとった後のことでした。

車でさとうきび畑のくねくね坂を降りながら、太平洋の美しい海に見とれて「今年もがんばるわ！」といい気分のまま走っていたのですが……気がついたらジャングルの中!!　車の前の窓に木の枝と葉がかぶさって、カラカラと前輪が宙を舞っていたのです。

まるで映画の「インディ・ジョーンズ」のワンシーンみたいです。わお！　かっこいい!!

事故だと認識するのにしばらくかかって、それから、まずエンジンを切らなくては、とだんだん冷静になってきました。どうやら車はパパイヤとソテツの木をなぎ倒して、ガジュマルの木にぶつかってようやく止まり、崖を落ちずにすんだようなのです。

しかし、前輪が浮いているために、外に出られません。

おばあは女神さま

そこへ、助っ人が登場！

「大丈夫かね。怪我《けが》はないかね。あんまりすごい音がしたから、何ごとかと思って来てみたさ」

「おばあ、ごめんね。パパイヤとソテツをなぎ倒してしまったの」

「そんなこと、大丈夫さ。それより、まぶや（沖縄語で魂のこと）落としてないかい？」

と心配してくれます。

「大丈夫、落としてないみたい。ここから出られないの、おばあ、すまないけど手を貸してくれない？」

「あい、いいよ。大変だね」

私の車がなぎ倒した、痛々しいパパイヤの木の切り株に何とか足を乗せて、おばあの手にすがりました。ああ、そのときの、働き者のおばあの手の力強かったこと！

私には、おばあが輝かしい女神や観音様に見えました。

「あんた、まあ、怪我《けが》がなくてよかったね。いやあ、びっくりしたね。すごい音だったからね。そこの畑にいてよかったよ」

「本当にありがとうございます。助かりました」

気がつくと、すぐそばには電柱があって、ぞっとしました。少し左にそれても崖から落ちるところでしたから、ラッキーというしかありません。

もう少しで天使になるところだったと、惜しいような、惜しくないような……。

沖縄で購入した車が黄色なので、後ろから見ると、アニメのピカチュウにそっくり。みんなにピカチューと呼ばれているうちに、本当に宙を飛んでしまいました。

沖縄では交通事故があると、必ず「まぶや」とか「まぶい」を落とすと言われています。驚いたときに、ついでに魂を落としてしまうのです。その後は、ぼーっとした、いかにも魂が抜けたようなふぬけの状態になるのです。沖縄の霊能者、ユタさんに聞くと、そういうときは事故現場に戻ってお祈りをし、「まぶい」を拾ってOKになるんだそうです。まさに、沖縄ならではの習慣ですね。

私の場合は、事故のときに運よく熟睡でもしていたのか意識をなくしていたらしく、恐怖心が起きずにまぶいを落とさずにすんだようです。

さらにこれには後日談があって、助けてくれたおばあにお礼をと思い、訪ねていったときのことです。

電話で場所を聞いてお宅に行ったら、男性の方が出てこられました。

「何の用かね」

「こちらは、○○○○さんのお宅ですか？」

「そう、うちの母親だけど」

「こないだ車の事故を起こして、お母様に助けていただいたのです。そのお礼に伺いました」

「うちの母は、長いこと寝たきりだけど」

「そんなはずないです。小柄でしたが、とても力強くて元気いっぱいでした」

「そりゃ、うちじゃないよ」

「さっき、電話でお元気そうでしたよ」

「電話番号見せてごらん。これうちじゃないよ。あっちのほうだね」

と指差して、わざわざ電話して確かめてくれました。

なんと私は方向音痴が働いて、同姓同名のお家を訪ねてしまったのです。

もう少しで、寝たきりのおばあが元気によみがえるところでしたのに。

反対方向に戻ったら、お目当ての元気なおばあが待っていてくれました。

「あのときの人かね。怪我はなかったかね。よかった」

「本当にありがとうございました」

とカステラとお礼を出したら、

「だめだよこれは、受け取れないよ。元気ならそれでいいさー」

「でも、気持ちですから」

「だめ。じゃあ、お菓子だけもらっとくね」

それから、お茶とお菓子でおばあの人生をしっかり聞くことができました。

どうしてもお礼がしたかったので、お盆の下にそっと包みを置いてきました。ところが、おばあの畑の新鮮野菜をお土産にもらって、車まで戻ろうと歩いていたときに
「あんたさ、だめだよ、これはだめだよー」

と裸足《はだし》のおばあが大声を出しながら、お礼の包みを右手に持って追っかけてきたのです。

おばあからもらった手作りの、自分の太ももぐらいもある重い大根を右手に、キャベツ二個とほうれん草三束を左手に持ったまま、私も必死で車の方向に一目散で走りました。このときの新鮮野菜の重かったこと！

「やっぱりね、どこかに置いたと思ったら、すぐに見つかったよ。だめだよこれは」

「おばあにはかなわないね。裸足で走ったのね。痛くない？」

「大丈夫さ、夢中で走ったよ。久しぶりに追いかけっこしたね。いやー楽しかったね。今日から、あんたは友だちだね。また、遊びにおいでね」

「ありがとう！　また、来るね」

となごやかに、沖縄らしい時間が過ぎていきました。

愛車のピカチュウが宙を飛んだおかげで、天使にはなりそこなったのですが、沖縄のおばあの友だちができたのです。

レッカー車のお兄さんが、事故現場で首をかしげて、

「どうやってここまで来たのかね、マンガみたいな事故だなあ、車が飛んだとしか思えないよ」

と笑っていたそうです。

おそらく、守護天使が五、六人でラグビーのタックルのようにピカチュウを抱き、崖と電柱を避けて、ガジュマル目指してぶつけたとしか思えません。

天使もラグビーをするのです。

そのときから、笑いの天使ができ上がってしまいました。何があっても、ギャグが湧き出て、笑いの場面になってしまいます。そしてそれ以降、私は講演会で天使の翼をつけて登場するようになったのです。この事故を経験することで、笑いの天使になる登竜門をくぐり抜けたような、お墨付きをもらったかのような、あるいは、恥ずかしがり屋の越智啓子がいったん死んで生まれ変わったのかもしれません。そんな、不思議な事故でした。

もちろん、おばあに追っかけられたシーンでは、頭上にたくさんの天使が笑いに来ていました。ふだん人助けで忙しい天使たちも笑いたいのでしょうね。

パッチ・アダムスと激突

私が本格的に笑いの天使になったきっかけは、もう一つあります。前にもご紹介したDr.パッチ・アダムスのワークショップが、一九九九年の七月末に東京で開かれたときのことです。「Ｊｏｙ（喜び）のワーク」といって、笑い療法を学ぶにはズバリもってこいの内容でした。いくつかの楽しいワークが続き、クライマックスのダンスのときのことでした。思い切り元気にコマのようにまわっていたら、やはり同じように思い切り大きく回る、大きなコマと激突したのです。それは、ドクター・パッチでした。もちろん、私のほうがかなり体が小さいですから、その衝撃で私はふっ飛んでしまいました。そのときは、激痛が走ったにもかかわらず、大丈夫という笑顔を作ってなんとか平気でしたが、羽田に向かうにつれて痛みと腫《は》れがひどくなり、ついに歩けなくなって、空港では車椅子のお世話になってしまいました。

そしてそれ以来、私は不思議と周囲に笑いの連発を引き起こすようになってしまったのです。まるで激突の衝撃で、パッチ・アダムスの笑いのエッセンスが入り込んだかのようでした。これこそ「怪我の功名」で、笑いのエッセンスの手っ取り早い伝授法だと思います。だってそうでしたから。

そして、二年後にまたパッチ・アダムスの講演会が東京で開かれたのですが、前夜祭のウエルカムパーティーに参加したときは、自然に体が少し引けてしまいました。また「怪我の功名」事件が起こるのではないかと……結局その不安から自分自身でアクシデントを招き寄せることになってしまったのです。

この年の講演会では、新しく作ったピンクドルフィンのいでたちで参加したのですが、パッチは、一緒に中国へ行ったときに私が着たブルードルフィンの衣装を思い出してくれました。

「オ――ッ！　クレージードクター啓子！　相変わらずクレージーかい？」

と、彼らしい挨拶での再会でした。

その後のパーティーは最高に盛り上がったのですが、ダンスのシーンになったときには、私は舞台の上で背の高いパッチにひょいっとかかえられてしまいました。

そのせいだったのでしょうか、パーティーの間は何も感じなかったのですが、ホテルの部屋に戻ってから、左腕の異変に気づきました。痛くて左腕が上がらなくなっていたのです。

でも、「きっとこれも何かの才能を開くためなのかも」と、いつもおめでたく思えるから不思議です。

そして思いどおり、またハプニングが起きて、痛みはすっかり癒されることになったのです。

その二週間後に、沖縄の離島、竹富島をサイクリングしていて、石垣に思い切り激突してしまいました。大人用の自転車では足がとどかないため、子供用の自転車に乗ったのですが、とてもバランスがとりにくかったのです。ところが激突のショックからか、その後すっかり左腕の痛みが取れて、腕が上がるようになりました。もちろん激突の痛みはひどかったのですが。

思わず沖縄の言葉で、痛いときに叫ぶ、「あがー!!」が出たほどでした。

何がいいのか悪いのかわからないものですね。

なぜか、いつもマンガのようなことが起きて、すべてがうまくいってしまうのです。

すべっても、激突しても、うまくいっている!!

このごろは、何をやってもなかなかうまくいかないという人に対して「すべてうまくいっている!」のパロディ版として「すべってもうまくいっている!」の話を紹介するのですが、とても好評です。講演会の後で、この言葉で救われたと涙を流されて、びっくりしたこともあります。

ひょんなことが人の役に立つのですね。

ピエロの癒し

最近の講演会では、途中からピエロに変身して会場に降りていき、参加者の皆さんにピエロの赤い鼻をつまんで鳴らしてもらっています。赤い鼻をつまむと面白い音がするのですが、こんな単純なことが笑いを引き出し、とても大きな癒しになっています。

二〇〇二年の一月、那覇市のＰＴＡ連合会に呼ばれ、那覇中学校の体育館で五〇〇人を前にして講演をしました。そのときも、最初スーツ姿でお話をしていて、途中から虹のピエロの衣装に着替え、みんなを笑わせていました。そのとき参加していたあるお母さんなどは、ピエロに変身する女医の姿を見ただけで、大きく価値観と意識が変わったそうです。

この方は半年後の大きな講演会にも来てくださり、サイン会の列に並んで感想とお礼を述べてくださいました。

「先生、私にとって、先生のピエロ姿への変身は衝撃でした。涙が出て止まらなかったんです」

「どうしてですか？」

「『いままで真面目に生きてきたのが、バカみたい』と思えたんです。そうしたら、全身から力が抜けてしまって。それまで子供を厳しくしかってばかりでしたが、それ以来力が抜けて、がみがみ言うのをやめました。そしたら子供がとても落ち着いてきて、調子がいいんですよ。先生、本当にありがとう！」

この感想には、私も驚きました。皆さんに笑ってもらいたくて、出血大サービスで「ピエロの変身」をやっているのですが、それによって皆さんの価値観が変わったり、意識までやわらかくなる効果があるなんて、本当にびっくりです。

私も、パッチになってきたかなーと、しみじみ思いました。

私は、口で言うだけでなく、体験してみせることが好きなのです。
理屈よりも実践が大切だと思います。

「笑い療法」に「過去生療法」をドッキング

最近は、笑い療法と過去生療法が一緒になって、劇的な効果をあげることが増えています。とても深刻な悩みで通常ならそれを話すだけでまわりが暗くなるほど重い問題なのに、なんと大爆笑になってしまうのです。

東京で行っているグループセッションのときのことです。参加者による自己紹介が始まり、子供の問題で悩んでいるお母さんの番になりました。

「夜中、私や次男が寝ているとき、長男が私たちの体に針をブスブスと刺すんです」

それまで笑い声が絶えなかったグループの雰囲気が一変して、暗く重くなりました。

このままではいけない、と思いながら、彼女に焦点を合わせてエネルギーを読み取ってみました。彼女のそばに仙人のような容貌の中国人男性のイメージが出てきました。息子さんの過去生の姿です。彼からのメッセージを受け取りながら、

「あら、あなたの息子さん、昔、中国で、針灸師をしていたみたいよ」

と解説したとたん、どっとみんな大爆笑。

一番笑って椅子からずり落ちそうになったのが、彼女本人でした。

「かなり腕の立つ有名な針灸師さんで、あなたも治療を受けていたの。あなたは少しわがままなお嬢様で、親に反抗していて治りたくなかったので、治療に抵抗していたの。それを彼のせいにしたのね。だから、いまも、夜中にちゃんとあなたたちのツボに針を刺しながら、『認めて〜』と訴えているのよ。だから、息子さんのインナーチャイルドを癒して（第六話をご参照ください）、彼を認めてあげたら、この奇妙な行動はなくなっていくはずよ」

自分で魂の通訳をしながら、じつに見事なしくみだなー、と感心してしまいました。

過去生療法の醍醐味《だいごみ》を見た思いでした。とにかく、深刻な彼女を思いっきり笑わせることができたのは、なんと言ってもすごいことです。笑い療法も奥が深いですね。


次は、クリニックにいらした三十代の男性のケースです。彼は背が高くとてもハンサムなのに、友だちはたった一人しかいなくて、しかもコンビニなどに行っても、レジの女の子に「いらっしゃいませ！」と元気よく挨拶されたことがないというのです。町を歩いていても、行き交う人たちは彼が近づくとびっくりしてよけたり、怖がるのだそうです。そんなに自分は嫌われているのかと自己嫌悪に陥ってしまい、ひどいうつ状態で来院しました。彼の話を聞いていると、どう慰めてあげたらいいのかわからないというほどの状態でした。

ところが、治療が始まって彼の過去生のイメージが出てくると、大爆笑になってしまいました。今生でこんなに人に嫌がられるのは、過去生でよっぽどひどいことをしてきたに違いないと、彼は思い込んでいました。

「先生、どんなひどい過去生が出てきても、遠慮なくおっしゃってくださいね。覚悟はできていますから」と、彼も悲痛の面持《おもも》ちだったのです。

「あなたは、やさしくてとてもドジな忍者だったみたいよ。忍術が得意で、敵の城主を殺す使命を果たすべく城に忍び込み、誰にも気づかれずに城主が寝ているそばまで見事にたどり着いたの。でも、どうしても殺せなかったのよ。そしてまた、誰からも気づかれずに上手に戻って帰れたの」

「えーっ、僕は人を殺せなかったんですか？　むしろたくさん殺したから嫌われているんだと思っていたのに。よかった、よかったです。それを聞いて安心しました」

かなり覚悟していただけに、彼の喜びようはひとしおでした。

「生まれ変わったのに、いまだに忍者の術を続けていて、みんなにはあなたが見えないのよ。だからコンビニの女の子も声をかけないし、道行く人々もそばに来るまで見えないのよ。近づいてからやっとあなたに気づいて、びっくりしてよけているわけね。気配がなさ過ぎるのよ。

もしかして足音もしないのじゃなくて?」

「そういえば、みんなから『急に来ないでよ、びっくりするじゃない』と言われます。たしかに、足音はしてないですね。なんだそうだったのか。謎がとけた! いや~嘘みたいに気分が晴れて爽快《そうかい》ですよ」

「今日からは忍者の意識をやめてね。もう、姿を消す術を解くのよ。あなたはドジな忍者じゃないわ。人を殺せない、やさしい、愛情深い、素晴らしい人なのよ」

と代理の母になって、大きな彼をしっかりとハグしました。

彼は、長い間母親から言葉の暴力を受けていたことがあり、インナーチャイルドが寂しかったのでしょう。彼は私をなかなか離さないほどしっかりと抱きついてきて、私のほうがバランスをとるのに必死で、ひっくり返りそうでした。ハグ療法で十分に愛情を受け取った後の彼の顔は、美しい笑顔でした。

イルカは海の「笑いの天使」

講演会ではイルカが持つ不思議な癒しのパワーについてよく話しますが、とても感動的なエピソードがありました。これは、縁があってときどき診ている患者さんのケースです。

植物状態になって、自宅で寝たきり状態の十八歳の女性です。彼女の場合、恐怖心から自分の体に意識が戻ってこられずに二年経っています。体も硬く緊張したまま、こわばっています。娘にぜひ沖縄の青い海を見せてあげたい、イルカに触れさせてあげたいという両親の希望で、本土から沖縄にと、本人は車椅子でやって来ました。一家は、イルカと泳げるホテルに滞在しました。両親以外にアロマセラピストでもある介護の人もついて、万全の体制でした。もちろん私もかけつけました。

イルカと触れ合うプログラムの予約も、ちゃんと取れました。介護者が一人しかそばにつけないという規則なので、仕方なく私は近くの階段の上から両親と共に見学しました。

ウエットスーツに着替えた彼女は、体が硬直しているため、介護者が抱きかかえるようにして、斜めの状態でイルカと接するのです。

イルカはどうやって彼女のことを知るのでしょうか?

やはり超音波でわかるのか、彼女の手が硬直しているために伸びず、イルカの尾びれに届かないとみるや、イルカは自分でバックしてきて彼女に触らせてくれたのでした。イルカの愛を感じて、見ていて胸が熱くなってきました。彼女の母親も、

「あら、イルカさんが、ちゃんとバックしてくれているわよ。お父さん、見て。すごいわね。ありがたいわね」

イルカに触れたそのときでした。声を出さないはずの彼女から、思いがけない声が発せられたのです。

「うーっ！」といううめき声のような声でした。

ずっと彼女の治療にかかわってきた介護者の方の目から、涙がひとすじ流れ落ちました。

すると、隣の家族を担当していたイルカさんまでが、彼女の視野に入るように、大きくジャンプをしてくれたのです。隣の小さな男の子は、自分が置いてきぼりされてしまったので泣き出しました。

イルカのジャンプのしぶきが彼女にかかった瞬間も、彼女は喜びの声を発しました。

植物状態になってからの二年間、一度も声を出したことがない彼女にとって、これは、本当に奇跡でした！

母親もうれしくて、静かに泣き出しました。

その後も、イルカと触れ合うたび、ジャンプのしぶきがかかるたびに、はっきりとうれしい「うーっ！」の発声がありました。

このとき私は心の中で、イルカさんにたくさんのありがとうのメッセージを送りました。

西洋医学ではどうにもできなかった植物状態の彼女に、イルカの笑顔と愛が届きました。イルカと遊ぶことで、彼女のインナーチャイルドが癒され、恐怖心も解け、思わず声が出たのです。素晴らしい海の笑いの天使さん!!

イルカのプログラムを終えて部屋で休んでから、セッションをしてみました。

彼女はイルカの親子のぬいぐるみをしっかり握りしめています。

そしてさらにうれしいことに、彼女に「イルカジャンプ！」と話しかけると、体のこわばりがほどけてやわらかくなり、胎児のように縮まっていた体が開いてきました。やっぱりイルカ効果はすごい！　と実感しました。

本土に帰ってからも、彼女の発声は次第にしっかりしてきたそうです。

「娘の声を二年ぶりに聞きました。うれしくて……。沖縄に連れていって本当によかったです」

母親の喜びに満ちた報告にほっとしました。

皆さんも、イルカさんから笑いのエッセンスを受け取ってみませんか?


カニ踊り「すべてはうまくいっている」の笑い効果

「すべてはうまくいっている」という言葉は、何と「南無観世音菩薩《なむかんぜおんぼさつ》」や「南無妙法蓮華経《なむみょうほうれんげきょう》」などと同じ意味を持っていて、「宇宙のしくみ」をシンプルに表現しています。素晴らしい、素敵な、きらきらの言霊なのです。これを口癖にすれば、長年の暗い思い込みを、「光のところてん」のように潜在意識からするすると押し出して、新しい輝かしい思い込みと入れ替えることができます。

ただ、これを低い声で唱えていると、少し暗めになって、まるでお経を唱えているかのような感じになります。そこで、これを笑いで潜在意識にしっかりとインプットさせるために考えたのが、カニ踊りです。講演会の最後に必ずやっていますが、皆大爆笑です。

みなさん元気になります！

やらなきゃソンソンです！

即効性があります！……力と笑いがはいってますね。

また、クリニックのセッションの最後でも、とっておきの「笑い療法プラス言霊療法」（これは新語ですね）として伝授しています。最後に立ち上がり、カニの爪のように両手でピースサインを作って、言霊を大きな声で言いながら一緒に踊るのです。言葉のパワーと笑い療法のダブル効果があるのが、このカニ踊りです。

これは、どんなうつ状態の人でも必ず笑います。

十年ぶり、十五年ぶりに笑ったという人もいます。そのときほど、笑い療法を実践している医者としての喜びを感じることはありません。

二〇〇二年の八月にグループでチベットへ旅をしたのですが、このときもいろんな場面でこのカニ踊りをしました。

活仏《かつぶつ》マニさんとお会いした大昭寺の境内で、にこやかなカニ踊りをしたとき、日本語のわかるガイドの中国人の方が涙を流しながら踊っているのを見て、びっくりしました。カニ踊りによる涙の効果は初めてでした。

九月には、チベットでカニ踊りが板についたメンバーのうちの五人が、末期がんの患者さん三人を連れて中国へ旅をしました。出発時は、患者さんは三人ともいまにも危ないほど弱っていて、車椅子よりベッドで連れていきたいほどだったそうです。

ところが、チベット旅行のとき以上に、いたるところでこのカニ踊りを何度も繰り返しやっているうちに、どんどん末期がんの患者さんたちが元気になったのだそうです。その効果には、一緒に行った友人のドクターがびっくり。本当にカニ踊りのすごさを感じたそうです。

帰りのときには、なんと患者さん三人とも元気よく笑いながら、しかも他の人の荷物まで積んだ車椅子を押して帰国したのです！　ブラボー!!

「越智先生、チベットのときは、カニ踊りの楽しさばかりが目につきましたが、今回の中国の旅では、カニ踊りの実力の深さを体感しましたよ！　これは本当に、すごいです!!」

献身的な在宅医療を実践しておられるドクターからの力強い感想に、心からうれしくなりました。

「すべてはうまくいっている」パワーは素晴らしい！

笑いのエッセンスを世の中に

これからは、「愛にあふれた笑いのエッセンス」をどんどん世の中に出して、広めていきたいと思います。

なぜなら、現在は世の中がよくなる過程にあるのにもかかわらず、暗いニュースであふれて、人々が不安と恐怖を持ちやすい環境になっているからです。でも一方では、資本主義経済が崩れゆくという現象に反比例するかのように、人々の意識は高まり、本物志向になってきているというううれしい現象もあります。

たとえば、ＮＨＫの「プロジェクトＸ」のような素晴らしい番組が出てきました。ブラボーです。

この主題歌「地上の星」が表現しているように、文明の発達の陰にこれほど人間の素晴らしさが隠れていたのだと気づかされて、救われる思いです。そこには人間に対する愛が感じられ、「人間賛歌」が歌い込められているからです。この番組のおかげで、日本人が失いつつある日本人としてほどよいプライドも取り戻せたのではないでしょうか？

「結構日本の男性も捨てたもんじゃない」と思った女性も多いと思います。

人間の素晴らしい面を引き出すメディアがもっと多くなってほしいですね。

私たち人間は、限りなく、どんどん、すてきになっていきます。

これからも、楽しい笑いのイベントを企画して、笑いながら夢を実現するパワーを皆さんと一緒に広げていきたいと思います。仮装パーティー、笑えるファッションショー、パッチを招《よ》ぶイベントなど、何でもやっていきます！

皆さんも自分のまわりで、愛と笑いをふりまいてくださいね。

二十一世紀は、考えるのはギャグだけ！　あとは感じるだけにしましょう！

第六話

インナーチャイルドを癒す

「内なる子供」は「感情の象徴」

皆さんは、インナーチャイルドという言葉を耳にしたことがありますか？

これは、アメリカから上陸した心理学用語で、「内なる子供」の意味です。「内なる子供」とは、「幼心《おさなごころ》」のようなもので、本当の自分、自分の本当の感情、気持ち、本音を表します。自分をきちんと認めて大切にしている人や、自分のことが大好きな人のインナーチャイルドは、ニコニコ笑顔ではしゃいでいます。その人の人生も、伸びやかで、楽しくて、人間関係もうまくいっています。「内なる子供」は、「感情の象徴」なのです。

一方、自分のことが大嫌いで、自分を否定したり、いくらがんばっても自分を認められなかったり、いつも自分の感情を抑圧していると、その人のインナーチャイルドは、すねていたり怒っていたり、泣き叫んでいます。あんまりすねていると、姿を見せないでどこかに閉じこもってしまいます。

一九八五年ごろ、アメリカの西海岸から「ニューエイジ・ムーブメント」（新しい時代の動き）が伝わり、「新しい意識革命」ともいえる精神の変化が起きました。それからは、「感情は抑え、コントロールしなくてはならない」という二十世紀までの古い考え方を捨てて、「感情を認めて、きちんと表現しましょう！」という流れに変わってきました。

これは画期的で素晴らしいことだと思います。それまで、キリスト教や仏教など宗教からの影響により、「感情」はまるで悪者のような扱いを受けてきました。

とくに、キリスト教の「自己犠牲の愛」が素晴らしいとされる教えによって、自分を押し殺して人のために尽くすことが美徳とされました。これは、私たちの精神性が成長するために、たしかにいままでは必要だったのだと思います。

しかし、これから、とくに二十一世紀に入ってからは、さらなる精神性を高める段階に入ってきました。自分が心からやりたくて、人に尽くす時代。自己犠牲ではなくて、自分が楽しいから自然に体が動く、「喜びで奉仕できる時代」へと変化しているのです。

そのためには、これまで我慢して押し殺してきた感情の解放が必要です。

私の講演会では、「インナーチャイルドの癒し」のための誘導瞑想である「イルカの瞑想」をよく行っています。青い海の中で魚やイルカと一緒に泳ぐイメージをすると、とても気持ちよく、リラックスできます。

イルカは、インナーチャイルドの癒しにぴったりです。イルカは不思議な能力を持っていて、傷ついたインナーチャイルドを持った人をすぐに見つけ出し、近づいてきます。そして、イルカは癒しの超音波で、人の心をやさしくほぐしてくれるのです。

国内外の報告では、イルカと接することによって自閉症の子が癒され、恐怖心が和らいで笑えるようになったり、親に虐待を受けた子供が心を開いたり、アトピーで悩む子供が改善したりといった、とてもよい効果が出ています。

私自身も、心身共にひどい疲れで傷ついていたとき、ハワイ島の野生のイルカと泳いで、とても癒された体験があります。

そして沖縄でも、野生に近い形で飼われているイルカとふれあうことで、癒されたことがありました。何回か通って元気になると、イルカたちはもう大丈夫とわかるのでしょう、イルカは以前ほど私を相手にしてくれなくなりました。ちょっぴり寂しい気持ちもありましたが、うれしくもありました。それからは患者さんにこれをすすめ、皆さんから楽しく深く癒されたという喜びの報告を聞くのが、私の楽しみのひとつになっています。

イルカの愛の深さには、いつも感心させられます。イルカはクジラ目《もく》に含まれますが、動物にも生まれ変わりがあり、その中で一番霊的に高いのがクジラなのだそうです。イルカやクジラが、いろんなメッセージをくれるのもうなずけますね。

皆さんも、ぜひ近くの水族館を訪ねて、イルカを間近に感じてみてください。忘れていた自分の本音に気づくかもしれません。その本音こそが、本当の自分の気持ち、感情なのです。

実際に野生のイルカと泳げればいいのですが、現実にはそうもいきません。そこで、イルカグッズを近くに置いたり、イルカをイメージするのがいい方法です。それだけでも、インナーチャイルドは癒されます。イルカのぬいぐるみやポストカード、置物でも、意識をイルカに向けることができます。

パッチ・アダムスと中国に慰問旅行に行ったとき、大好きなイルカと虹色のピエロの衣装を一着ずつ作りましたが、日本に帰ってきてからも、講演会で大活躍です。とくにイルカの衣装は、インナーチャイルドが癒されるので、「イルカの瞑想」で活用しています。スーツからイルカの衣装になって、手足を大の字に広げながら、元気な声で「イェーイ、みなさ～ん！　お元気ですか？」と呼びかけます。つい声まで変わって、すっかりイルカになりきってしまうのです。

インナーチャイルドの癒しが必要な方は、イルカをお忘れなく！

三歳の子供をイメージして

感情を抑えてきた時代から感情を大事にする時代になったからといって、いきなり「さあ、自分の感情と向き合ってみましょう！」と言われても、いままで自分の感情を見つめる習慣がなかった人にとっては、どうしたらいいかわかりにくいものです。

そこで、イメージ療法によるシンプルでわかりやすい方法はないかと考え、思いついたのが、「三歳くらいの子供をイメージして、自分の本当の感情を感じてみる」ことなのです。

よく、「三つ子の魂百まで」と言われますね。三歳までは母親がそばにいて、「母と子の絆作り」をすることが大切とされていますが、この時期は、子供の情緒発達に欠かすことのできない「母親との信頼性」を学ぶための、とても大事なときなのです。

この「信頼性」がその後の人間関係の基本を作っていきます。

また、自分が三歳だとイメージすることで、情緒発達の度合いを知ることができます。

すぐにイメージできる方と、なかなかイメージが出てこない方があると思います。

まったく出てこないときには、「どうしたの？　どうしたら出てきてくれるの？　いままで無視してごめんね。今日から、あなたのことをちゃんと認めて、大事にするから」とやさしく語りかけてみてください。

自分のことをいつも後回しにして、他の人ばかりを世話することに忙しく、自分を認めたり、ほめたり、やさしくすることを忘れてきた人は、とくにインナーチャイルドが寂しがって、とても愛を求めています。認めてほしいのです。

もちろん、いまからでも十分間に合います。インナーアダルト（自分の中の理性的な大人の意識）としての自分が、寂しがっているインナーチャイルドをしっかり抱きしめ、愛をたくさん送ってあげるのです。必ずやその効果がすぐに現れて、いままでの難しかった人間関係が、うそのようにするりと楽になってきます。インナーアダルトとは、私たちがいままでに学んできた知識の集合体であり、知的、左脳的、分析的な心のことです。

この際にぬいぐるみを使うと、もっとイメージしやすくなります。たかがぬいぐるみとお思いでしょうが、実際にやってみると、本当に実感が湧いてくるから不思議です。できれば、自分の好きな肌触りのぬいぐるみが最適です。ぬいぐるみがない場合は、枕か、クッションでもOKです。よく、愛用してよれよれの古いタオルケットがないと眠れない子供がいますね。スキンシップにこの肌触りがとても大切なのです。気持ちのよい肌触りを、子供たちもインナーチャイルドも求めています。

ぬいぐるみを抱きしめながら、自分のインナーチャイルド、三歳の子供をイメージして、自分の名前に「ちゃん」をつけて呼びかけます。できる限りの愛を込めてです。そして、インナーチャイルドの癒しに最高な、愛の言葉かけをします。

「生まれてきてくれて、ありがとう！」

「今日まで、一生懸命に生きてくれてありがとう！」

「よくがんばったね」

実際にやってみると、その言葉かけだけで、悲しくもないのにハラハラと涙が出てきます。

インナーチャイルドが、そして魂が、喜んでいるのです。たまっていた感情がほどけて、解放されている証拠なのです。本当に、自分の深い感情につながっていく実感がしてきます。決して、泣きたいのを我慢したり、その感情を押し殺さないでください。心ゆくまで、泣いていいのです。すばらしいチャンスです。泣かなきゃソンソンです。

沖縄の有名な歌手、喜納昌吉《きなしょうきち》さんの歌、「花」にも歌われています。

「泣きなさい、笑いなさい〜」

ひと泣きできたら、今度は自分のインナーチャイルドとの対話です。自分の本音がわからなくなっている人、やりたいことがわからないという人には、とても大切で有効な方法です。

インナーチャイルドにいろいろ聞いてみてください。

「どんな気持ちなの？」

「何がしたいの？」

「何が欲しい？」

「どこへ行きたい？」

「どうしてほしいの？」

皆さんそれぞれに、自分への質問がたくさんあると思います。

そういった質問の答えも、じつはすでに、自分の中にあるのです。

しかし、いままでは、自分のことがわからなくなってくると、どうしても他の人に聞くクセがついていました。そして、大事な自分の人生の選択を、他の人に任《まか》せてしまうのです。それが、親だったり、学校の先生だったり、先輩だったり、宗教団体の教祖だったり、占い師や霊能者だったりしてきました。ここで、古いパターンを変えて、自分で答えを出して、自分で選択する習慣を身に付けましょう！

自分のやりたいことがはっきりとしていて感情表現が豊かな人は、いい意味で人の意見を聞かず自己中心的です。そして、結論は自分でさっさと出してしまいます。よく、まわりの人間から「相談もしないで、勝手に自分で決めて」と言われてしまいます。

でも、そうすることで「自分の人生の主人公」になることができ、自立していることになるのかもしれません。逆に、何でも人に聞いている人は、依頼心が強くて、だんだん人に疎《うと》んじられてしまいます。いつも不安で、自分で物事を決められないために、いろんな人に相談ばかりしてしまい、さまざまな意見が集まりすぎて混乱しやすいのです。そんな人は、ぜひ自分のインナーチャイルドとの対話を試みてください。

さらにバランスがいいのは、いろんな人から情報を集めつつ、そこから自分にふさわしい結論を出せる人です。これからの統合の時代に合わせて、私たちが目指すべき方向性ではないでしょうか？

そのためにも、もっと自分の本音を知ることが大切です。

人間関係の改善に

インナーチャイルドの癒しは、簡単でいつでもどこでもできます。さらにこれを相手に応用することで、苦手にしている人間関係の改善にも役立つのです。

たとえば、勤め先に苦手な上司や同僚がいる場合、彼らをイメージして愛を送ってみるのです。とはいえ、そのままの本人をイメージして愛を送ることは、とても難しいでしょう。でも、その人を三歳児としてイメージすると、少しは愛を送れます。それも難しければ、もっと幼くして、ご自分がやりやすいように、イメージを変えてみてください。イメージは、自由自在です。相手がお姑《しゅうとめ》さんや親兄弟でも、この方法を使えば、うまくいかない人間関係のしこりをほぐすことができるのです。ぜひやってみてください。

年齢を問わず、誰でも気楽にできるところが、とてもおすすめです。

また、相手に直接会わなくても間接的にイメージ療法でできるところが、ストレスを感じることが少なく、皆さんにとても喜ばれています。

ご自分のお子さんと意思の疎通がうまくいかないときや、お子さんが何か問題行動を起こしているときなど、直接話ができないような状況ではなおさら、この方法が次のステップへの大きな足がかりになりますので、おすすめです。

もし、家にぬいぐるみがあれば、それを抱きしめながら、相手の方の下の名前に「ちゃん」をつけて、愛の言葉かけをしてみてください。心がこもらなくても、言葉を言うだけで大丈夫です。相手のイメージをしっかり抱きしめる感覚があると、相手に対する自分の思いが表現できて、気持ちが自然と落ち着いてきます。

愛の言葉かけとしては、

「生まれてきてくれてありがとう！」

「生きていてくれて、ありがとう！」

「私の人生に、登場してくれてありがとう！」

などが、よいでしょう。

そして、自分の気持ちが落ち着いてきたら、自然に相手のインナーチャイルドとの対話に入っていきます。

「どうして、ほしいの？」

「どんな、気持ちなの？」

「何が嫌なの？」

「何をしたいの？」

など、本人に聞いてみたいけれど面と向かっては聞けないような質問を、ゆっくり、次々に聞いてみてください。

ふと、自問自答でありながら、自分が言っているようで自分ではない感覚がしてきて、対話ができてきます。そのまま、自然に起きることを、イメージを受け入れてください。

私の好きな『神との対話』（サンマーク出版）の絵本版には、自分に意地悪なことをする人との関係について、こんなすてきなエピソードが綴《つづ》られていました。

これから生まれ変わって地上に降りることになっている、親友、ソウルメイト同士の会話です。これを簡単にまとめてみると、

「今度、僕は、君をいじめる役なんだよ」

「なんで？　嫌だよ、どうしてそんなことをするの？」

「だって、君が許すという愛を学べるでしょう？」

この会話から、とても大切なメッセージが得られます。

「人生を舞台だと思いましょう」とよく言われますが、まさにそのとおりなのです。

自分の人生の中では、脇役の人々も見事にキャスティングされ、選ばれているのです。しかも、その脇役の中で自分をいじめる役割の人ともあの世では仲よしだったりするのだから、ま

さしくこの世が舞台だということなのでしょう。

「許す愛」は、「愛」の中でもかなり難しくて高度なものだと思います。それを学ぶためにも、いじめ役は自分の人生にとってなくてはならない大切な脇役なのです。

このことを知っていると、インナーチャイルドの癒しがとてもやりやすくなってきます。

初めて『神との対話』を読んだとき、ナチスのリーダー、ヒトラーが光に帰っていると書かれていて、びっくりしました。たしかにウルトラいじめ役を、みごとにやりとげた人です。

「驚かなければならないのは、あれほど多数の者が彼と行動をともにしたことだよ。何百万人ものユダヤ人が殺されるまで、誰もヒトラーを止めなかったことだ。……彼は悪事をしているとは思っていなかった。彼は同胞を助けていると思っていたんだよ」

『神との対話』の「神」は、ヒトラーを裁いていません。むしろ、「あなたがたすべてのなかに、ヒトラーのかけらがある……程度の問題にすぎない」と言い切っています。

ヒトラーだけが悪者なのではなく、それは集合意識による創造とされています。ヒトラーという独裁者も、やはり一つの役割なのです。

私はクリニックで、皆さんのさまざまな罪悪感の解放をお手伝いしています。その中の多くの場合、過去生で一つの役割として人を傷つけたり、殺したりしてしまっているのです。たとえそのときの任務だったとしても、苦しくて、自分を責めて、生まれ変わっても自分を許せないでいます。

これまで扱ったケースの中には、加害者の役割として、ローマ兵士、ギリシャ兵士、ローマ帝国時代の上官、魔女狩りをした司祭、裁判官、ナチスの将校、アメリカ兵士などの過去生がありました。

「許す愛」の中には、自分を許すことも含まれています。自分を許せないと、自分がバッシングされる状況を引き寄せます。家庭、学校や職場でいじめられる場合、いじめっ子だけが原因なのではなく、いじめられる側の心にある自分を責める思いが磁石となって、いじめを招き寄せるのです。

これも、インナーチャイルドの癒しで、罪悪感を解放できます。

「もう十分苦しんだから、これ以上自分をいじめなくていいのよ」

「あなたのせいじゃない、あなたのせいじゃない」

「もう幸せになっていいのよ！」

「あれは、役割でやっただけなの。大丈夫、誰もあなたを責めないから、もう許されているのよ」

こうした愛の言葉かけが、ハートにたまった罪悪感を溶かします。

セミナーやグループセッションでは、瞑想をしながら、一人一人を、私が代理の母になって抱きしめますが、そのとき、その人のインナーチャイルドの癒しにふさわしい言葉が出てくるのです。

そして、その人から涙があふれてきて、長年の罪悪感が解放されていきます。泣いた後の皆さんの顔は、温泉に入った後のようにすっきりと気持ちよさそうです。笑いそのものがもっと自然になり、人を笑わせる余裕まで出てくるのです。

自分のインナーチャイルドが癒されると、人間関係のパターンが変わってきます。周りの人が自然にやさしくなり、自分を認めてくれ、ほめてくれるようになります。それは自分が、以前のように自分を責めなくなり、むしろ自分を認めるようになるからなのです。

もっと自分を認めてあげて

認めることは、愛の表現の中でもとても大切なことです。

「自分を愛するって、いったいどうしたらいいのかわかりません」

このような質問をよく受けますが、それには、一つひとつの自分の行動をちゃんと認めてあげることです。

とくに完璧主義の人は、簡単には自分をほめたり認めたりしません。理想を限りなく高く置き、達成しても自分を認めることを忘れてしまい、すぐ次の目標をかかげて「まだ努力が足りない」と言いたがります。

子供がいくらがんばっても、親はそれをなかなか認めず、もっと高い目標を目指すようにがんばれ、と叫んでしまうのです。

このパターンは、親子で引き継がれることがよくあります。

ところがこうした悪い習慣や思い込みが続いている家系に、その流れを変えるため、突然別のタイプの子供が生まれてくることがあります。

その子は、反応し、反抗し、何らかの信号を発し続けます。ときには、登校拒否、拒食症や家庭内暴力といった形で自分を表現します。

そして子供が問題行動を起こすことで、いままでその家系ではあたり前の常識だったことが覆《くつがえ》され、大人たちの意識まで変わっていくのです。

子供は、必死で自分らしくあろうと自己表現をして、大人たちの意識の目覚めを手伝っているのです。まわりの大人たちの問題行動を直すために、子供たちが革命行動を起こしているとも言えるでしょう。

自分らしく、パワーがあって、堂々と自己表現ができる子供は、自分のやりたいことや好きなものがはっきりしていて、本人もまわりも理解しやすいのですが……。親の期待どおり「いい子」に育ち、自分の意見を言わずおとなしく手のかからない子供ほど、かえって、大学生や社会人になって挫折《ざせつ》すると振幅が大きく、あとが大変です。今までいい子だったのに、なぜ？と両親は、びっくり仰天するわけです。

学生時代はおとなしく「いい子」を続けていたのですが、コンピューター会社に入ってまもなく出社拒否になった男性を診たことがあります。

自分では、何が好きで何をやりたいのかわからず、しきりに両親を責めて、家庭内暴力まで繰り返すようになっていました。

その後、彼は過去生退行催眠を受けたり、イルカのエネルギーに触れたりすることによって、少しずつ自分らしさを取り戻していきました。いまでは、両親への八つ当たりもなくなり、自分で決めた新しい仕事へ、新たな挑戦をしています。

自分の価値観を押しつけて、それが子供のためと思っていた両親も、それが本人のためではなかったと気づいて、とても意識がやわらかくなりました。両親の性格まで、すてきに変わってきたのです。どんなことも、魂磨きになっているのですね。人生は素晴らしいです！

私たちは、自分の評価というものは他人にしてもらうものだと思い込んでいます。

自分で自分を認めるという習慣がないからです。でも、自分で楽しく自己評価できるようになると、心地よい、ほどよい自信が備わってきます。

そして、「自分は自分らしく生きていいのだ」と、自然に思えてきます。そうしていままで自分が常に気にしていた、一種の錯覚・幻である「世間体」のしがらみからみごとに解放されて、とても気が楽になるのを感じます。

以前、アメリカ人のヒーラーから習ったマントラ（瞑想で唱える聖なる言葉）のなかに、「I am that I am.（私は私）」というのがあります。これを聞いたときはふつうに、あたり前じゃない、と感じたのですが、実際にこの言葉を使ってみると、とてもパワフルで素晴らしい効果があることを発見しました。

英語の好きな方は、英語でも言ってみてください。もちろん、日本語でどうぞ。「私は私！」いかがですか？　どう感じますか？

何回か唱えると、自分の力が戻ってくる感じがしてきませんか。

とくに自分に自信のない人、すぐに人の意見のほうが正しいと思ってしまう人は、この言葉を声を出して繰り返し宣言することで、押しやられていた自分を取り戻すことができます。不思議と元気が出てきます。

毎日の生活の中で何かを達成できたとき、「やったー！」「ブラボー！」とほんの短くてもいいですから、自分を認める言葉を声に出して言う習慣を始めてみてはどうでしょう！

そして、あなたの成功を心から喜んでくれる人に報告してみてください。

これによって、本当の友だちを見分けることもできます。いいことがあったとき、素直に一緒に喜んでくれる人が真の友であると、昔から言われています。

つらいことや苦しいことに同情することは、誰でも割と簡単にできるものです。しかし、相手の幸せを一緒に喜ぶことは、そんなに簡単ではないからです。

また、長年の夢がかなったとき、思いがけなくいい結果が出たときには、乾杯やお祝いをして、きちんとセレモニーをしたほうがさらに伸びていくことができます。

あるいは、自分にご褒美をプレゼントするのもいいでしょう。

クリニックでは、「自分へのご褒美には、ちゃんとリボンをつけた花束をプレゼント」と処方箋に書くようにしています。

これは、自分を認めるとてもいい方法です。第四話でも花の癒しの効果について触れましたが、自然界の助っ人は、素晴らしい力を持っています。

そしてもし可能なら、自分のため、インナーチャイルドの癒しのために、月に一度でもいいですから、一日か半日くらいは自分だけの自由な時間を作ってみてください。

好きな人と食事や買い物、映画などもいいでしょうが、たまには一人で、何も計画をしないで、その時間や瞬間、瞬間を楽しむこともおすすめです。

たとえば、私の場合をご紹介しましょう。

まず自分用のお金を銀行からおろしてきます。家を出て、そのときの気分に応じて動き出します。本屋に行って情報誌を立ち読みして、好きな映画を見つけて直行。一人なので、食べ物も買っていきます。

映画を見た後は買い物。靴屋、帽子屋、ブティックで一つずつ買っては、着替えていきます。どんどん変身です！　これは、楽しいです。

会いたい人に電話をかけて、来られそうな人を呼んでティータイムにします。まだ一人でいたい場合は、自分がやりたいことを、次々とやっていきます。

あるときなどは雑誌を見ていたら、京都に行きたくなって、そのまま日帰りで行ってしまったこともありました。たった一日でも、京都の自然と味を満喫することができました。

本を読んでいたら、「気分転換に宝塚歌劇」と書いてあったので、二十分後にはもう劇場の中にいたこともありました。

歌舞伎が好きなので、思い立つとすぐ直行して、一幕を見ます。そのとき思ったらすぐできる「場所移動の喜び」を実践して、実験を重ねてきました。

ウルトラC級のエピソードとしては、二十代のロンドン大学留学中にどうしても歌舞伎が見たくなり、親にも内緒で帰国して、歌舞伎を見てから誰にも会わずにイギリスへ戻ったこともあります。学生割引の特権を大いに利用して、びっくり格安の航空チケットを手に入れたのです。そうしようと決めれば、可能になる手段が向こうからやって来るのです。時差ボケになる前に戻ったので、いつものリズムにすぐ適応できました。ついでに、日本文化へのホームシックからも解放されました。

パッチ・アダムスが初めて二〇〇〇年に来日したときも、診療で忙しかったのですが、一日だけ空いていたので、東京で行われたワークショップに沖縄から日帰りで参加しました。それは結果として、私の笑い療法に磨きをかけました。あのとき、疲れるからとか、時間がもったいないからと思ってあきらめていたら、今日の自分はないと思います。

自分ができる限りのぎりぎりまでやってみる、これこそ常識に縛られない生き方です。そして自分の人生から、「めんどうくさい」「もったいない」「それは非常識よ」といった、行動を制限するような思いをなくすと、「インナーチャイルドが喜ぶ生き方」が自然にできていきます。

私が四十代最後に行った、インナーチャイルドの癒しの大きな行動は、なんと言っても「沖縄への移住」でしょう。それ以前に、結婚という「自己犠牲の愛」へのチャレンジをやめると決心して一人になり、長年住み慣れた大都会、東京を離れる決心をしてからは、私のインナーチャイルドの住みたい場所が沖縄になりました。そしてそれを実行したわけです。これも常識ではなかなか考えられないことですが、決めてしまうと意外にもできるものです。

さあ、皆さんも、自分の本当の気持ちを感じてみてください。

そのために、インナーチャイルドのイメージ療法を活用してみてください。

これまでちゃんと自分を認めてこられたかどうかを、ここでチェックしてみてください。

自分をちゃんと見つめるチャンスです。

この本に出会ったのは、その時期だからです。

あなたらしい、インナーチャイルドを癒すひとときをぜひ創ってくださいね。

香港の海に現れたピンクのイルカ

二〇〇二年五月に、初めての海外講演をしました。場所は香港にある日本人クラブの会議室で、約八十人の参加でした。高層ビルの三十八階で、私はさらに椅子の上に乗っての大奮闘でした。単に会場の後ろの人には小さな私の姿が見えなかったからそうしたのでしたが。こんなに高いところでの講演は初めてでした。

そして翌日、うれしいびっくりがありました。主催者の方の配慮で、イルカ好きの私のために船の上での「インナーチャイルドの癒しのワーク」が実現したのです。それも、大好きなイルカを見ながらの贅沢なワークショップです。しかも、ふつうのイルカではありませんでした。

色がピンクなのです。淡いベビーピンクです！

皆さん、想像できますか？　これは実際に見てみないと、なかなか信じられません。だって本当に体全部がきれいなピンク色なのですから。これには、びっくりです。

中国のイルカは、子供のときは真っ黒で生まれて、次第に灰色になり、大人になるときれいなピンク色になります。だから、中国語では、イルカのことを漢字で「海豚」と書くのです。かわいいイルカにどうしてこんな漢字をあてたのかと、私はそれまで不満でした。しかし今回のことで、理由がやっとわかりました。自分でそのピンク色の姿を見て納得です。

中国、ベトナム、タイ周辺のイルカはピンク色をしています。約一〇〇〇頭が生息しており、香港には、一〇〇頭くらいがいるそうです。この地域は大きな川が海に土砂を大量に運んでおり、その下流にイルカがすんでいることを考えると、真水と海水の割合の関係から色がピンクになるのかもしれません。

一説には、温度調節のためとも言われていますが、まだ研究途中だそうです。理由はともかく、なんともいえない可愛いピンクです。

ピンク色は、ハートチャクラの愛の色です。とくに淡いピンクは、母性のエネルギーでもあり、インナーチャイルドの癒しの色としてぴったりです。しかもイルカですから、さらに相乗効果ですね。

その日は、船の上から、三回、ピンクイルカを見ることができました。

「わーっ、本当にピンクだわ！」

「かわいい!!」

「うそみたい！」と口々に、いろんな声が飛びかいます。

このときのワークの参加者は、二十九人でした。

船はちょうどいい大きさで甲板が広く、天気も暑すぎない曇りだったため、甲板の上でワークを始めました。こんな好条件は初めてです。

うまい具合に、イルカたちも応援してくれたようで、ワークが中断しないようにと気をつかったのか、初めに三回姿を見せてからは、ドルフィンウォッチングはできませんでした。

残念なような、ありがたいような、複雑な気持ちでした。

その後、誘導瞑想のときに、皆さんの代理の母になって一人ずつ抱きしめるハグ療法をしていったのですが、次の人へ移動しようとしても船が揺れるのでどうしても転がってしまいます。でも、それもうまくできていて、転がって起きてみると、次の人がちゃんとそこにいるのです。

みんな目をつぶっているので、私を見て笑い転げる人もなく、助かりました。上で見守っていた守護天使たちは、大笑いだったでしょうね。まるでマット運動をしているような、いままでにないハグ療法の体験ができました。

みんなは、それぞれに持ってきたぬいぐるみをしっかりと抱きしめています。泣き出す人もかなりいました。

二十九人をひと通り抱きしめたら、誘導によって、いまの器である肉体に意識を戻しました。

次が、アッと驚く「アートヒーリング」によるワークです。利き手とは反対の手で絵を描きます。

なぜ、「アッと驚く」のかというと、単純に絵を描くだけなのに、利き手と反対の手で描くことで感性が開き、魂からのメッセージでもある感情の部分につながって、思いがけない感情の解放になるからです。

それは、やはり、体験してみないとわかりません。

瞑想中に出てきた自分のインナーチャイルドのイメージを、まず左手で描いてみます（左利きの人は、右手で）。いつも使っている右手は左脳につながって、理性を開きますが、左手は右脳につながっていて、感性を開くのです。

そして、同じ紙の裏側に、言葉で表現してみます。言語中枢は左脳にあるため、自然に左脳も使うことになり、両脳のバランスがとれるのです。

次に、母のイメージ、父のイメージをそれぞれ違う紙に描きます。イメージしやすいほうから描いていきます。具体的に、台所に立つ母親の印象的な姿や、顔の表情でもいいのです。また、抽象的な色や線だけでもＯＫです。自由に表現していきます。

裏側には、先ほどと同じように、言葉による表現を書いていきます。母の口癖、特徴、自分から母へのメッセージでも何でもいいのです。同じように、父のイメージも描いていきます。

これは、画期的でシンプルな癒しの方法です。母や父に強い感情を持って引きずっている人、つまり親に葛藤がある人は、とても強く反応します。感情を紙に激しくぶつける人、逆に、まったく描けなくて静かに葛藤を感じる人など、いろいろです。このプロセスだけでも、かなりの感情を解放できます。

でもこれだけでは、終わらないのです。

この後、直感でグループ分けをします。三人ずつのグループに分かれてもらい、いま描いたばかりの三枚の絵を使ってワークをしていきます。

まず三人でじゃんけんをして、順番を決めます。勝った人から、自分の絵を使って、インナーチャイルドの癒しのグループワークをしていくのです。

まず、本人は自分が描いたインナーチャイルドの絵を、絵が外側になるように持ちます。あとの二枚は、他の二人にそれぞれ持ってもらいますが、このとき、自分の母親役になってほしい人に母親の絵を、父親役になってほしい人に父親の絵を持ってもらいます。必ずしも、男性女性の性が一致しなくても構いません。エネルギーで感じてもらうのです。

絵を持つことで、描いた人のエネルギーが伝わってきて、まるでチャネリングのように、だんだんと絵の人物になりきっていきます。

たとえ親がすでに亡くなっていたとしても、ちゃんとその特徴が現れます。さらに、本当は親から言ってほしかった言葉までが出てきて、ビックリです。

そして、インナーチャイルド役の本人は、母親役、父親役の人に向かって、本音を語っていきます。それに対して、代理の母親や父親になった人は、愛をこめてその思いに答えてあげるのです。

あらためて弁解したり、さらに傷つけたりしないようにと、前もって注意をしておきます。あくまでも癒しのためにするわけですから。

対話がひと通り終わったら、お互いに抱きしめ合います。ハグ療法です。初めて会う人同士なのに、不思議に自然と親子の心情になっていて、すんなりとできてしまいます。

こうして一人ずつ、三人のワークを終わらせていきますが、あちらこちらで、だんだんと泣き出す風景が増えてきます。お互いに話を聞いているうちに、三人のグループの特徴が感じられてくるようになります。そして、心を割った奥深い話になっていき、とても親密ないい感じの雰囲気がかもし出されてきます。

意外だったのは、親の役をすることで、それまで気づかなかった自分の親の気持ちまでもわかるようになった、という意見が多いことです。そんな効果もあるのです。

親が自分に親として精一杯の愛情を示してくれていたことが感じられるようになるので、それまで自分は愛されてこなかったと思い込んできた人の心が軽くなり、さらには愛されていたと実感できる人まで出てきます。親というものは、その時々に、できる限りの愛情表現をしてくれているのですね。

こうして、お互いに親に対しての思い込みを解除しあい、愛情の穴埋めもできてきます。しかも、お互いの共通点まで浮かび上がってきます。ワークが終わったグループから、感想を聞いてまわるのですが、

「このグループは、みんな以前（今生の）に数年間フランスに住んでいたことがあるんですよ。びっくりしました。先生、どうやって見分けたのですか?」

と聞かれて、これには驚きでした。

「きっと過去生もフランスで一緒だったのかもね。私もフランス時代があったから」

と笑いで返しましたが、自分でも直感のすばらしさに感動しました。

過去生が中国人だったというグループもありましたし、現在同じ地区に住んでいるグループ、家族に関する問題が同じだったり、人生の課題がそっくりだったりと、いろんな共通点で結ばれた三人組の縁の不思議さに、しみじみと感じ入りました。

最後にもう一度誘導瞑想を行い、人間関係の癒しの応用篇（苦手な人のインナーチャイルドを癒す瞑想）をやりました。

ちょうど瞑想が終わったころに、港へ着きました。まさに「すべてはうまくいっている！」です。

お互いに出会えたことを感謝しながら、名残惜《なごり》しそうにハグをしてお別れしました。

香港から帰ってきて、さっそく母に、ピンク色のイルカの衣装を作ってもらいました。

これがまた、とても可愛いのです。

すっかりお気に入りになり、講演会でのビックリ衣装替えは、それからピンクイルカが増えました。

こうして、インナーチャイルドの癒しにも、ますます磨きがかかっています。

ハグ療法の威力

インナーチャイルドの癒しのワークだけでなく、クリニックでも、必ず初診の患者さんにはハグ療法をしています。これは、相手を一〇〇％認めてあげて、受け入れるというボディランゲージです。素晴らしい愛情表現です。

まず、代理の母になって、相手をふわっと抱きしめます。すると、その人の目から涙がどっとあふれ、いままでしこりになっていた感情や、張り詰めていた緊張感がほどけて、深い安堵《あんど》を感じリラックス状態になっていきます。素晴らしい愛の療法です。

よく講演会で、ハグ療法を説明するときに、

「沖縄のハブではありませんよ。英語で抱きしめると言う意味のハグ（Hug）ですよ」

と、一応笑いをとるようにしています。

ハグは世界中で、とくにアメリカではふつうの挨拶になっていますが、日本ではまだ定着していません。

この方法をもっと日本に広げて、新しい習慣にしたいと思っています。暖かいハグは、どんな精神安定剤よりも効き目があるからです。でも、医者が患者を抱きしめるのは、ふつうちょっと勇気が必要なのかもしれませんね。講演会のあとで、ある精神科医に、

「先生、よく初対面の人にハグできますね。その勇気はどこからくるのですか？」

と、質問されたことがありました。

「勇気が必要だとは意識したことがありません。ここからですね」

とハートに手をあてて返答しました。

パッチ・アダムスも、こう言っていました。

「僕は、皆とハグすることで、愛をもらって元気なんだよ」

私も同じ思いだったのでうれしくなりました。ハグ仲間ですね。

パッチ・アダムスが二〇〇〇年に初めて来日したとき、ワークショップの後の食事会で、思い切って彼に次のような質問をしました。

「笑いの前に、患者さんにたまっている感情を解放させてあげることが必要なのではないでしょうか？　私は、患者さんを抱きしめて泣かせています」と。

「それは、大切ですね。私も、よく患者さんをハグします。最高二十一時間もハグしたことがあります。その患者さんは、長い間虐待されてきた人で、人間不信になっていたんです。ずっと抱きしめて『I love you. I love you』を繰り返し囁《ささや》いていたら、やっと二十一時間後に小さな声で、『I love you, too.』と言ってくれたんです。それでハグはストップしたけれど、それから、その患者さんは、めきめきと病状がよくなりましたよ」

と、感動的な話をしてくれました。

愛の「ハグ療法」は、どんなに深い心の傷・トラウマも溶かしてしまう威力があるのです。

患者さんの人生をじっくり聞くことで、けなげに生きてきた魂に思わずハグをしたくなるのです。自動的に抱きしめたくなるのです。イッツ、オートマティック！

「It's automatic

抱きしめられると
君と paradise にいるみたい……」

大好きな歌手、宇多田ヒカルさんの歌にも、ハグが出てきますね。

誰でも、抱きしめられたら、とても幸せな気分になります。

私も以前、長い間性的虐待を受けていたため心の傷がとても深い患者さんに、しっかりハグ療法をしたことがありました。

すると、その患者さんはワーッと激しく泣いて、誰にも言えなかった感情が一度にあふれでたのです。私は、ただしばらくの間、代理の母として彼女をしっかりと抱きしめました。それは、どんな言葉よりも大切な癒しになりました。

「実の母には、抱きしめてもらったことがないのです」

「抱きしめてもらうのは、気持ちいいでしょう?」

「いままでの苦しみが溶けていくような気持ちです。胸がすーっとしました」

「ハートものども、悲しみや怒りの感情がびっしり詰まっていましたよ。誰にも言えなくて、一人で抱え込んでいたのね」

彼女の傷ついたハートが癒され、気持ちも軽くなってきて、ほっとしました。

あなたのまわりにも、ハグ療法が効きそうな人がいたら、ぜひ相手の話をじっくり聞いてあげて、ここぞというタイミングに、抱きしめてあげてください。できればそのとき、ハートチャクラの裏側である背中をやさしくなでてください。そこから、たくさんの愛のエネルギーが吸収されます。

仕事が忙しくて子供を抱っこすることが少なかったと思われる方は、いまからでもお子さんにハグをしてあげてください。そうしようと思ったら、必ずベストタイミングがやって来ます。

レッツ・ハグ・ハグ!!

「生まれてきてくれてありがとう！」

皇太子さまご夫妻に、念願のお子様、愛子さまがお生まれになったとき、雅子さまが記者会見で、「生まれてきてくれてありがとう！」とおっしゃり、私たちにも心からのうれしさが伝わってきました。

この言葉は、最高の愛の言葉かけだと思います。

ハグ療法をしながら、「生まれてきてくれてありがとう！」と言うと、相手はそれだけで素晴らしい愛の光にすっぽりと包まれたような感じになります。

まるで波動温泉に入っているかのようだ、と言われたこともあります。
「ありがとう」の言霊パワーは素晴らしく、白くて強い光の柱が立つような感じです。

自分の子供に、「生まれてきてくれてありがとう！」と心から言えたとしたら、その子は心が温まって、安らいで、これから穏やかに生きていけるでしょうね。

もしもなんらかの理由で、「おまえなんか産むんじゃなかった」と思ってしまった人、または、直接子供に言ってしまった人は、いまからでも遅くありませんから、ぜひ抱きしめて「生まれてきてくれてありがとう！」と言ってあげてください。

心にはタイムマシンがありますから、お子さんの心の穴は十分に埋まりますよ。

「私は私が大好きです！」

いま私は、那覇高校の看護科で、精神医学や精神看護の授業を受け持っています。ときどき、教科書からはみ出してちょっとしたワークをすると、生徒たちの眠気もふっ飛び、心に残るようです。その中でも大爆笑になったのが、次に述べる、楽しい、シンプルなミニワークでした。

これは私が実践哲学の教科書として愛読している、『神との対話』からヒントをもらって考案した、自分を愛するための方法です。

まず、両手で自分を抱きしめる動作をします。まるでフランスのパントマイムのようです。抱きしめる対象が自分では、物足りなくて少しさびしい気もしますが、かまわず目を閉じて、大きな声で「私は私が大好きです！」と十回叫ぶのです。じつは、これを実行するには、かなり自分への愛と勇気が必要です。自己嫌悪の強い人や、とてもシャイな人、恥ずかしがりやさんにとっては、けっこう実行するのが難しいかもしれません。

でも、これができない自分に気づくことも、本当の自分を知るために大切なことなのです。

看護科の授業でも、二、三人ほどできない生徒がいました。

でも、しばらく経った期末試験のとき、「先生の授業を受けているうちに、恥ずかしい実習をやりながら、だんだん自分のことを好きになれました」という感想を答案用紙の裏に書いてくれました。うれしいです。このワークは、すぐにではなく、後からじわじわと効果が出てくるのですね。

この方法は、自分の苦手なものを好きになりたいときにも応用できます。

たとえば、夢を実現するためにお金をためたいのに、なぜかお金があっという間になくなってしまう人は、「私はお金が大好きです！」と大声で十回唱えます。すると、お金に対する偏見やわだかまりが取れます。そして、純粋なエネルギーでお金を愛することができるようになり、必要なお金を自然に引き寄せられるようになるのです。

ある経営者の集まりで講演をしたときに、この実習をしましたが、大受けでした。

また、口では結婚したい、恋愛したいと言っていても、SEXに対してとても抵抗がある場合には、潜在意識で結婚や恋愛を避ける状況を招いていることがあります。

こんなときには、「私はSEXが大好きです！」をやはり大声で、十回叫ぶと効果があります。

ある患者さんにすすめたところ、恥ずかしいので、ここなら大丈夫とお風呂場で実行したところ、エコーがかかって全館放送になってしまい、とても恥ずかしかったと大笑いになりました。でも、そのおかげで、大きなわだかまりが取れたそうです。

看護科の授業でも、

「私は私が大好きです！」

「私はお金が大好きです！」

「私はSEXが大好きです！」

の三つの実習をしました。

このときちょうど、ほかの教科のまじめそうな男の先生が授業を見学に来ていたのですが、三つ目の言葉のときに、私は彼がちゃんと大声で叫んでいるか聞き耳を立てて確かめるしぐさをしたので、生徒たちは大爆笑の連続。大喜びでした。

心のわだかまりを取るために、こうしたシンプルな笑いの癒しを活用すると、いい思い込みがとても深く心に残ります。これは、いつでも誰でも実行できるのです。

運よくこの本を読まれているあなたも、ぜひ、やってみてください！　今晩、寝る前にいかがですか？

「私は私が大好きです！」

あなたのインナーチャイルドが、にこにこうれしそうに笑っていますよ！

第七話

夢はかならず実現する

自分の夢を周囲に語ること

いま、あなたの夢は何ですか?

夢には、二種類あります。毎晩寝ている間にかならず見ている夢と、人生の中でこれをしたいという夢と。

ここでご紹介する「夢」とは、人生の中でのハイライトである、自分が求める夢のほうです。

私の場合は、常識からかなりはみ出した面白い夢を抱いているのですが、見事にその夢が次々と実現しています。人一倍、「信じる力」が強いのかもしれません。

何に対しても明るいよいほうの思い込みが強いので、これこそ、まさに念のパワーでしょうか?

「念」の字は「今」の「心」と書きます。日本語は、よく語源を探って分解してみると、意外な真理を説明していて、なかなかに面白い言語です。

「念」が強い人、あるいは、信じる力が強い人は、決して、簡単には夢をあきらめません。あらゆる可能性を追求して、ねばり強く前進していきます。まわりの人々もその姿を見て、その人をつい助けたくなってしまうのです。ですから、夢はなるべくまわりの人々に語りましょう。

そのほうが、応援のエネルギーをもらいやすくなります。

夢を人に話すとかなわなくなるというのは、根拠のないジンクスです。社会におけるマイナスの思い込みだと思います。自分の夢は、大いに語りましょう。

語ることで、「宇宙に宣言する」ことになります。宇宙エネルギーが、まるで「よっしゃ」と元気よくかけ声をかけながら、味方になってくれるかのようです。

また、私たちのまわりには、じつは天使が存在しています。そしてそれぞれが一人ひとりを専門に守ってくれています。天使たちは、私たちを助けたくてしょうがないのです。私たちの夢が実現できるようにと、いつも手助けしてくれています。ちなみに、天使にはないけれど人間にはあるもの、それは肉体だけでなく、「選択の自由」もだそうです。これを聞いて、人間でいることがうれしくなりました。

自分の人生をどう決めていくのか、私たちには「選択の自由」が与えられているのです。だったら、人に決めてもらわずに、自分で決めたいですね。たしかに他から影響を受けることは、大いにOKだと思います。人や本から、あらゆる物から、「決め手」となる情報を得ているからです。それを得ることも、あらかじめ自分の「人生のプログラム」にちゃんと組み込まれていると思います。

でも、いままでの「人生のプログラム」に飽きたら、それを変えてしまってもいいのだと思います。「選択の自由」が与えられ、人生を自分で創ることができるのですから、変える自由もあるはずです。私たちは、やっとそれができる意識のレベルに到達してきたのだと思います。

ここで参考までに、私がいままで描いた夢をご紹介してみたいと思います。

私には、自分の夢について考えるときに欠かせない、いまでも大切にしている赤い日記帳があります。幼い頃から私はこの帳面に日記を書き続けてきました。小学校三年ごろの日記には、

1、いまの自分の前は何だったのか？

2、自分はずっと地球にいたのか？　それとも別の星から来たのか？

3、神様は本当にいるのか？

4、人間は死んだら本当に星になるのか？

などと書かれていて、いま読んでみてもあらためてびっくりです。すでにこのころから人生の不思議さに意識が向いていて、哲学的命題を持って生きてきたことがよくわかります。そういえば、私は「小さな哲学者」と言われていました。

皆さんも、似たような思いを抱いていたことはありませんか？

生きるということが何なのかを、私は、子供なりにどうしても追求したかったのでしょう。いまではこの四つの疑問に、ある程度答えを出せるまでに学びを深められたと思います。

私は小さいときから医者を志望していました。高校時代には絵を描くことが好きで、絵描き

もいいなあと思ったこともありましたが、やはり、幼いころからの思いは消えませんでした。じつは、私にはたった一歳半で病死してしまった一歳違いの弟がいました。それもホームドクターの誤診が原因だったのですが、そのことを、十歳のときに母から聞いたのです。それは強い衝撃でした。このときはっきりと医者になりたいと決心したのです。

私は初めての本『生命の子守歌』の中で、「魂科医《たましいかい》」という新語を作って自分の医者としての夢を三文字で表現してみました。するとさっそく、ある情熱的な青年医がはるばる隠岐島《おきのしま》から沖縄に飛んできて、ぜひ自分も「魂科医」になりたいと熱っぽく語ってくれました。

そのときにしみじみと、「自分の夢は語っていいのだ。響きあう人が、必ず反応してくれる」と実感することができました。

精神科医から心療内科医、そして魂科医へ――「精神」「心」「魂」と順に並べてみれば、「医療」の進歩が科の名前の変遷だけからも感じられます。

これから、遺伝子学や量子力学の分野において、魂レベルの情報が遺伝子の中に見つかってくると思います。魂の歴史や生まれ変わりについての情報は、現実にＤＮＡの中に入っていきます。リーディングとは、それを読み取っている作業なのです。いずれ本当に、医療現場に魂科ができてくると思います。

言葉というのは、それ自体がエネルギーを持っていて、使っているうちにパワーを持ってきます。

こうやって私が本を書いていることも、同じ意識で夢を持っている人への手紙のようなものです。

もちろん、意識を変えたい人へのヒントにも十分なると思います。

いままで心の奥深くで抑圧され閉じ込められていた皆さんの夢が、これがはずみとなって表に出てくるかもしれません。

いままでの越智啓子の夢

①実現した夢
医者になる
イギリスへ留学
薬でない方法で癒す・自然の恵みを活用
精神科医でなく魂科医になる
平和活動をする
結婚と子育ての体験

人生のパートナーを得る
哲学をカウンセリングに活用
子供と女性を癒す
クリニックを持つ
イルカと泳ぐ
クジラと逢う
講演会やセミナーをする
本を書く
絵を描く
エジプト、ギリシャ、フランス、イタリア、中国、アメリカ、ペルー、チベットへの旅
温泉三昧、映画三昧、芝居三昧、すし三昧
音楽にかかわる
海のそばのクリニック
沖縄に住む
パッチ・アダムスに会う
海底遺跡を潜って触る

夢に出てくる津波の謎解きをする
ヒマラヤのブルーポピーに会う

②これからの夢
パッチ・アダムスを沖縄に招《よ》ぶ
学校・離島での講演活動
癒しの場を創る
愉快な学校or塾を創る
本を書きつづける（癒し・哲学・小説・ＳＦ）
絵本を出す
三線《さんしん》を弾けるようになる
海のそばの家
船長になる
新たな海底遺跡の確認（ムーの神殿）
英語、仏語、スペイン語、中国語が話せるようになる
エジプト、オーストラリア、カナダ、タヒチ、南極、ガラパゴス、オーロラへの旅

チベットに生まれ変わった伯父と会う
句集・画集を出す
桜前線を北上
シャンバラへの旅
ヒマラヤ聖者と会う
宇宙の仲間とのコンタクト

ざっとこんな感じです。

抱いている夢から、その人がどんな人なのかが、わかってしまいますね。

本人の意識や興味の対象が、はっきりと見えてくるからです。

夢を語りながら、次々とそれを実現させている人の体験話は、聞く人をとてもわくわくさせます。なぜなら、そこに喜びと感動が必ずあって、そのパワーが伝わってくるからでしょう。

夢の実現は、すてきに伝染します。私も、夢が実現した体験を皆さんにお伝えして、喜びを分かち合うことが大好きです。そのために、各地で講演活動をしています。

私が自分の夢を実現させるためのポイントを大きく総括するとすれば、「意識革命をする」ということに尽きるかもしれません。

皆さんもこれを機に、自分の夢を書き出してみませんか？

あと何年地上で生きるかは、自分が決めた寿命まででしょうが、それまでにどれだけ夢を実現できるのか、本当に楽しみですね。もちろん、やり残したら次の人生で続きをやりましょう。

気楽に、楽しく、いまできる夢の実現を！

海のそばのクリニック

私はいま沖縄に住んでいますが、東京からここへ移り住むことを決める二カ月も前に、ある患者さんが私の沖縄移住を夢で見たそうです。そのような報告を後で聞いて、びっくりしました。

それ以前にも、沖縄での初めての講演会を主催してくださったアロマの先生から、じつは不思議な予言があったのです。

「啓子先生、海のすぐそばでクリニックをやっている光景が見えますよ。沖縄に引っ越すようになるんじゃありませんか？」

「えっ、沖縄にですか？　そんなー、いまはとても無理ですよ。東京のクリニックでたくさんの患者さんをかかえているし、そんな……。でも、いいですねー、本当に沖縄に住めたら、最高ですね」

「きっともう、先生が沖縄でクリニックを開く場所も決まっているんじゃないですか？　私の直感、結構あたるんですよ」

そのときはまだ半信半疑でした。

彼女とは講演会の前に首里城へ行きました。城はあいにく修理期間中で閉館だったのですが、中庭まで入り、芝生に大の字になって寝そべって、大地とアースすることができました。

赤木の葉っぱが気持ちのよい風に吹かれて青空に映《は》え、すてきな自然の音楽を奏《かな》でるのに聞き入っていました。しばらくすると、荘厳《そうごん》な太鼓と弦の音と共に、琉球時代の宴のような、大勢の人々の姿が目の前に展開されてびっくり。大きな戸外の広間で、男女が美しく整列して踊っています。その原色の配色鮮やかな姿に、うっとりと見入ってしまいました。

「啓子先生、不思議！　首里城が喜んで浮き上がっていますよ。先生が戻ってきたと喜んでいますよ」

「不思議に懐かしい場所だわ。やっぱり過去生でも縁があったのかしら」

まさにデジャヴ（既視体験）の感覚でした。

そして首里城への入り口まで行って振り返ると、ちょうど夕陽が輝いており、それに向かって祈っていると、呼吸を始めたようにさらに大きく輝きだしました。

私はその黄金色の光を全身に浴びながら、大勢の人々が一斉にお辞儀をして「お帰りなさい、お待ちしておりました」と語りかけてくる、暖かいエネルギーに包まれました。

「先生、これは何でしょう。すごいですね。光り輝いていますね。すごい数の人たちですね」

彼女にも同じものが見えたのです。二人が同時に見た光景から、私は沖縄との魂の強いつながりを感じました。

私の魂の歴史に琉球時代があり、今生でどうしてもここに来なくてはならないのかもしれないと。そのためのいまがあるのだと。どこか深いところで納得して、腑《ふ》に落ちている自分がいました。

そして住むところも、本当に自分がイメージしたとおりのところに決まりました。クリニックの場所も太平洋のすぐそばで、波の音が聞こえてくる素晴らしいロケーションでした。

すべてが夢のとおりに実現していきました。

じつはこのころから、私だけでなくたくさんの人々が「沖縄病」になって、沖縄に移りだしました。沖縄移住がちょっとしたブームになったのです。私もその一人なのです。みんなが沖縄に住みたいという気持ちになり、行動を起こし始めたのです。これは、とても強い衝動です。

夢の実現には、この強い感情「輝かしい衝動」がとても重要になります。

感情は、魂からのメッセージですから、その強烈版となると、もうこれは無視できません。

講演会でも、衝動には従ったほうがいいですよ、と強調して皆さんにお伝えしています。「偉大なる魂さん」が生まれる前にしっかり書いてきた「今生のプログラム」の中で、大きく変化する大切な時期にこそ、この「輝かしい、理由なき衝動」が浮上するからなのです。

いま思えば、沖縄行きは私の人生において不可欠だったのです。沖縄に移った一九九九年から、私の夢の実現パワーはさらにぐんとアップしました。どうやら沖縄の場のエネルギーが、不思議なパワーを与えてくれているような気がしてなりません。私は人生の大きな転換期を迎え、大いに創造的になっていきました。いまも、その創造活動が活発に続いています。

海のすぐそばのクリニックは、予想以上に好評です。患者さんは待合室で待っている間、美しい海を見て波の音を聞いていると、相談内容を忘れてしまうほど癒されてしまうようです。襖《ふすま》を隔《へだ》てて隣の診療室に入り、藍色のソファに座って海を眺めていた患者さんから、

「ここへ来るまでは、たくさん先生に話そうと思っていたのに、海を見て待っていたら、気持ちがほぐれてきて、それだけで癒されて、言いたかったことが思い出せません」

と言われるほどのすてきな海の癒し効果があります。

「ここでは、海のパワーが癒しの主人公です。私は、アシスタントよ」

と、説明しています。

私自身、東京にいたときには疲れると倒れてしまっていたのに、この海のパワーのおかげでいまはとても元気になりました。

見るだけで、そばにいるだけで、海から本当にたくさんの癒しをもらっています。

沖縄と太平洋の海に、ありがとう!!

パッチ・アダムスとの出会い

第五話にも出ましたが、ここであらためて、パッチ・アダムスとの出会いについてお話ししましょう。

沖縄に移ってから、映画「パッチ・アダムス」を見て感動し、どうにも止めることのできない強い衝動が湧き上がってきました。

「この人が、まだ生きているのなら、ぜひ会いに行きたい!」と、新たな夢の登場です。

彼の医学に対する哲学が、私のそれと同じだったのです。そして、ついにその夢が実現して、アメリカのワシントンまで会いに行くことになりました。

さらにその一年後には、パッチと一緒に、ピエロの姿になって中国を慰問旅行することになりました。さあ大変です。ピエロになったことはないし、久しぶりの英語漬けにストレスが頂点！

その英語も、アメリカ全土から集まった四十人を相手にです。同じアメリカ人同士でもわからないようななまりもあるのに……！　寝ているとき以外は、ずっと二週間もピエロのままでいたのです。これは、私にとって、大変な修行でした。でも、そのハードな体験ができたからこそ、私の笑い療法の質はぐんとレベルアップしたのです。

そして同時に、私の羞恥心《しゅうちしん》も浄化してくれました。これは、思いがけない展開でした。それまでも、うつ病の患者さんを笑わせるという生きがいを、医師として感じていましたが、笑いというものが、もっといろんな人の意識を変えてしまうことを知り、自分でも考えていなかったすごいパワーが炸裂《さくれつ》してきたのです。

一番衝撃的な体験は、なんといっても、かの有名な万里の長城でパッチや勇士たち十五人と共に、日本女性では初めて「ムーニー」をやったことでしょう。

「ムーニー」とは日本にはないジョークの一種で、服を下ろして、お尻を一斉に突き出すのです。「あかんべ～」のボディランゲージのような感じです。ふつうは、アメリカ人でさえ恥ずかしくてとてもできません。むき出しになった白いお尻が、まるでお月さまのように見えるため、「ムーニー」と名づけられています。私は、ハーフムーンでした。

あれで腹がすわったというか、照れくさいという感情が消えて、開き直ったのでしょう。おかげでそれからは、なんでも皆さんのためにパフォーマンスができるようになりました。画期的な意識改革です。

前述したように、その後は大好きな歌舞伎の早替わりとピエロをドッキングさせたパフォーマンスを、講演会で行うようになっています。

もしパッチとの出会いがなければ、現在のような講演会はできなかったと思います。

すべてが次の夢の実現に向けての大切なステップになっているのです。

すべてがブラボーです！

もう一つパッチから影響をうけたのが、彼の夢である「ゲズントハイト」＝「愛を教えるコミュニティ形式の無料の病院」の実現です。パッチは、映画ができたらすぐに多くの寄付金が集まって、夢の病院を設立できると信じていたのです。ところが、いつまでたってもお金は集まらず、しかも、その映画の制作で巨万の富を得た映画会社でさえもまったく寄付をしませんでした。

というのも、ほとんどの人がすでにパッチの夢の病院は実現しているものと思い込んでいたからです。

設立がスムーズにいかないのは、きっと天使たちの仕業なのでしょう。そもそもパッチの「人生のプログラム」がそうなっているのでしょう。天使は、その人の人生のプログラムを、忠実に手伝ってくれるのです。そのためなら天使は何でもやりますもの。

一見、パッチの夢はかなっていないようですが、じつは、もっとスケールの大きな病院が実現していたのです。パッチのピエロ軍団がサラエボやアフガニスタン、ロシアなど、世界の四十一カ国を訪れてきたことにより、だんだん世界中で「笑い療法の素晴らしさ」が実証されてきたのです。そして医学教育という医療のもっとも基本で根幹のところに、笑い療法を取り入れようという大きな動きが出てきていたのです。

彼の病院建設計画の土地、ヴァージニアだけに限定するのではなく、大きく地球レベルでの医療革命、教育革命、総じて意識革命が、じわじわと進んできていたのでした。

二〇〇〇年に中国で会ったときのパッチは、まだヴァージニアに病院を建てることに固執《こしゅう》していましたが、なかなか寄付が集まらないことがかえって結果としてよかったのです。それで、パッチが世界中を飛び回る活動をすることになり、「移動笑いクリニック活動」を着実に展開していけたのですから。

二〇〇二年に再会したときには、すっかり彼の意識が広がっており、自然の成り行きに任せようというすばらしい境地になっていました。

現在、パッチの夢の病院は、ヴァージニアに小さくまとまらず、地球を舞台に大きく展開しています。これも、ブラボーです。

ムー大陸の海底遺跡に潜《もぐ》る

皆さんには、繰り返し何度も見る夢がありませんか?

ここでいう「夢」は、眠っている間に見る「夢」のことです。

私には、「小さいころから何度も見る不思議な天然色の夢」があります。

それは、巨大な津波が押し寄せてきて、淡い水色の透《す》けるようなドレスを着た美しい巫女《みこ》さんたちが、神殿の巨大な柱が次々に折れる中を逃げ惑う光景で、とてもリアルに迫ってくる夢なのです。

いったいその夢の場所がどこなのかを、ずっと知りたくてたまりませんでした。繰り返し見る不思議な夢の謎解きも、私の夢の一つになったのです。

いままでその場所のことをいろいろ調べてきましたが、最初は、大西洋に沈んだとされているアトランティス大陸のことかと思いました。

自分で確かめたくて、カリブ海のバミューダー島にも行ってみました。その海域は飛行機や船が突然消えることで有名な、バミューダー・トライアングルです。上空を飛びながら、自分の乗っている飛行機がいつ消えるかとじっと待っていましたが、消えずに無事目的地に着いてしまいました。どうもアトランティスではなさそうです。

そのうちに、琉球大学の木村政昭教授が唱える「沖縄ムー大陸説」を知りました。最西端の与那国島の海底に巨大遺跡が沈んでおり、それがムー大陸の一部であるというものです。それからは、あの不思議な夢は、ムー大陸が最後に沈んだときのシーンなのかもしれないと、だんだん思うようになってきました。

一九九九年三月に沖縄へ移り住んでからは、なんとかして自分の目で与那国島の海底遺跡を見たいと思っていました。それには、自分が海に潜れるようにならなくてはなりません。そこで二〇〇〇年の六月に五日間の休みを取り、渡嘉敷列島の阿嘉島で、必死にスキューバダイビングのライセンスを取りました。

最初の潜水のときには、海水がどんどん口に入り込んで、いやというほど飲んでしまいました。私が苦しんでもがいているのに、インストラクターのお兄さんの目には、とてもうれしそうに踊っているように見えてしまったようです。

海の中だという思いを捨てて、ふつうに息を吸ってみたら、見事にぴたっと口の中に海水が入らなくなって、とても楽になりました。

フーッとため息をつけたところで、インストラクターの「大丈夫？」のサイン。これでやっとＯＫのサインを返すことができました。やれやれです。苦しい思いはしましたが、また一歩、海底遺跡に潜る夢の実現に近づいたのです。

そして、夢がかなうチャンスは、思いがけない早さでやって来ました。

与那国島の海底遺跡は、とても潮の流れが速くて初心者には難しく、せめて八十本くらい潜《もぐ》った中級クラスのダイバーでないと無理と言われていました。それで、あと二、三年後になると思っていたのですが、早くもその機会がやって来たのです。

二〇〇一年の五月の連休は仲間たちとチベットへ行くつもりでいたのですが、いざ那覇空港に着いてみると、上空の濃霧のために関空への便が欠航となり、私だけが日本に置いてきぼりになってしまいました。

しかたなくチベットをあきらめて、肩をがっくりと落として、ひとまずタクシーで家路につ いたのです。運転手さんが、「天候のせいでチベットへ行けないなんて、どこへ不満を吐き出したらいいんですかね。いやー、お客さん、なぐさめる言葉がないですよ」とやさしく応対してくれました。

あんなに楽しみにしていたチベット行きがキャンセルとなってしまったので、あまりのくやしさに、チベットの旅に匹敵する夢を思い出してみると、「与那国島の海底遺跡を見に行くこと」が心に思い浮かんだのです。そういえば、なぜかチベット行きの直前に、「石垣・西表《いりおもて》島・離島の旅」の特集雑誌を買い求めていました。これもまた、そのときはわからないながら直感で行動していることが、次の行動に必ず役立っていくということの一つの例ですね。

そこで、また直感で民宿を選んで電話をかけてみたら、「いやー、ちょうどいま新婚さんが体の調子が悪くなったからとキャンセルしてきたので、一部屋だけ空いているんですよ」とこれまたラッキーな流れです。与那国島への航空券も、五月の連休なのにちゃんと取れて、これまたスムーズでした。うまく流れるときというのは、すべてが自然にゆったりとうまく流れて気持ちいいほどです。

チベットは五月でも夜はマイナスになるほど寒いと聞いていたので、荷物は冬支度でしたが、翌日、それを急きょダイビングのセットと夏用の衣服に入れ替えて、再び那覇空港へ。前の日の混雑がうそのようにがらんと静まり返っていました。今度は無事に石垣島へ飛びました。とにかく飛行機が飛んだだけでも感動でした。なにごとも一度困難を体験すると、あたり前なことに感謝してしまいます。

せっかくなら、五月三日の私の誕生日に潜りたいと思って、島のダイビングショップに電話を入れると、今日ならコースがあるからいまからすぐ来てくださいと言われてあたふた。

五月二日が私の「海底遺跡潜り記念日」になりました。

一回目は、体を慣らすために別のポイントでの試しダイビング。半年ぶりに潜ったので、感覚を取り戻すのにしばらくかかりました。それでも二十八ｍまで潜ることができ、たくさんの美しい熱帯魚を見ながらの水中遊泳を楽しみました。

少し休んで、いよいよ海底遺跡へ挑戦です。ドキドキ、ワクワク。船からナイスボトーン!!

二回目はばっちりでした。まず水深十五ｍのところで全員が集合して、ひとりずつトンネルをくぐります。遺跡ポイントに潜ると、最初に現れるのが「城門」です。そこをくぐると、有名な「二枚岩」が見えてきます。ここは巨大な二枚貝のようにも、扉が二枚重なったようにも見えます。ここまで来て、もう感動で胸が一杯になりました。「二枚岩」をゆっくり見ながら上にあがっていくと、大きなナポレオン・フィッシュが優雅に泳いでいました。

遺跡ポイントは潮の流れがとても速くて、サンゴ礁もなく、魚がほとんどいないと聞いていたのですが、思ったより魚が多かったので、うれしくて「ついに来ましたよー、みんな!」と手を振って挨拶をしました。遺跡の石に向かっても「お久しぶり。一万六〇〇〇年ぶりね」と挨拶。次に「二枚岩」から「メインテラス」のほうへ向かいます。

「メインテラス」は、遺跡ポイントの中心にあり、メキシコのマヤのピラミッドにそっくりと言われています。全長がなんと二五〇ｍもある長方形で、東西にのびています。まるで、きれいに磨いたかのように表面が平らでした。端に階段があって、ついにそこにたどり着いたときは感無量でした。

階段の端に手を置いても、潮の流れがあるので、ずずっと手がすべってしまい、岩をつかまないと流されてしまいます。水中カメラを持ってきている人々は、思い思いにシャッターを切っていました。私はチベットへ行くつもりでしたので、残念ながら水中カメラまでは準備できなかったのです。でもその代わりに、心ゆくまで石をなでて、しっかりと脳裏に焼き付けてきました。

「メインテラス」を見ていると、どう見ても人工的な建築物にしか思えません。また、角にある階段はどう考えても実用的ではないようです。段差が一mもある階段は、ふつうの人間が簡単には登れない高さです。さらに上のほうのそれは、高さが二mもあります。やはりこの階段は、装飾用なのでしょうか？　それともたんに、ムー人は背が高かったのでしょうか？

ここでかわいいギャグを一つ。ムー人のことを、ムーミン（民）とも言います！

じつは、メキシコのマヤのピラミッドにも、与那国の「メインテラス」にそっくりの階段があります。それは、台形をしたピラミッドの側壁にあり、段差が二mぐらいです。

考えてみると、沖縄本島の中部にある世界文化遺産の中城《なかぐすく》城跡にも似たようなつくりが見られます。とても懐かしく心惹《ひ》かれるのです。そのせいか、マヤ遺跡を見たときにも、いろんな感情が湧いてきたのですが、これも過去生の記憶でしょうか？

しばらくの間「メインテラス」にいましたが、その後遺跡から離れて、深い谷のようなところを泳ぎ渡りました。そして対岸から振り返って遺跡を見たときには、思わず「わーっ」と声を発するほどの感動を覚えました。両手で岩にしっかりとしがみつきながら眺める海底遺跡の全景はすばらしく、ひし餅のような形の横に長い建物が、幾重にも重なって美しく見えました。ふと、行きそこなったチベットのラサのポタラ宮殿のことが思い出されました。そういえば、驚くことに宮殿はこの海底遺跡にそっくりなのです。

ああ、私は海の底の宮殿をまず最初に見に来たのだ、と感無量の気分でした。同じころ、チベットへ行った仲間が五〇〇〇m近い高山で高山病と闘いながらラサの寺院にいるのだと思うと、目には見えないエネルギーでつながっているような気がしてきました。

いつのまにか船に戻る時間になり、あっという間の三十分が過ぎていました。波が荒くて、船に帰るのは大変でしたが、必死で戻り着くとあらためて喜びがあふれ出て、「万歳!!　ムー大陸万歳!!　みんなありがとう!!　わーい、やったぞー!　大きな夢が実現!!」と一人で大騒ぎしてしまいました。

インストラクターのお兄さんに感謝の握手をすると、「いやー今日はラッキーでしたね。いつもは潮の流れが速いのに、今日はなぜか潮の流れがゆるやかで泳ぎやすい条件でしたね。天気によっては、遺跡がまったく見られなくてがっくりすることも多いんですよ。また、ぜひ来てくださいね」と言ってくれました。

やっぱり今回は、チベットではなくて、ムー大陸の海底遺跡に来るようになっていたのでしょう。自然も味方して、ふだんの速い潮の流れがゆるやかになってくれたのですから。

チベットへの旅がキャンセルになったくやしさが弾《はず》みとなって、海底遺跡に潜れたのです。光の存在がなかなか見事な展開を作ってくれたおかげで、夢を実現することができたのだと信じています。

こんなに早くこの夢が実現するとは、思ってもいませんでした。やっぱり、「くやしさパワー」も夢の実現に転換されるのですね。

これだから人生は、面白くてやめられません。

皆さんも、同じような体験がありませんか？　いつも願っていたことが、何かの弾みでできてしまうということが。それも一つのやり方ですね。

それが人生の醍醐味であるし、人生の目的でもあると思います。

その後、チベットへ行った親友から、絵葉書が届きました。霧の中の神秘的なポタラ宮殿でした。あらためて見ても、その光景は与那国島の海底遺跡の全景にそっくりでした。やはり、二つの間には何らかのつながりがあるのではないでしょうか？

ムー大陸が、小さいころからの「不思議な夢」ばかりか、私の過去生の記憶とも関係があるのだとしたら、海底遺跡を直《じか》に触ってきたことによって、私の中でついにムーの意識の扉が開いたのだと思います。

ムー人の意識が戻るということは、次々と連鎖反応が起こって、ムーのエネルギーがどんどん開いてくるということです。ムーミン意識が芽生えてくると、のほほん楽しくゆっくり行こうという気持ちが自然に出てくるようになるのです。すてき！

ついにチベットへ

二〇〇二年の八月六日から一三日までの八日間、やっと念願のチベットへ行くことができました。

しかも、トラブル続きだった二〇〇一年のときとは違い、すべてがスムーズに運ぶ充実した旅になったので、前回に続き今回も参加した七人は、びっくり。「本当に、すべてがうまくいっている！」と。

というのも、前年のツアーで彼らは、まず、中国の成都空港で飛行機の遅れにより十三時間も待たされ、その後やっとチベットにたどり着いたと思ったら、三人もひどい高山病にかかり救急車で入院。しかもチベットに滞在した三日間全部が病院見学。日本への帰国時も、帰りの便がなくなりそうになり、あやうく足留めを食うところだったとか。やっと日本に戻れてやれやれ。聞けば聞くほど、苦労続きの旅だったようです。

もちろん一番のショックは、「団長の啓子先生が来なかった」という信じられない事実だったでしょう。

ところが不思議なことに、チベットの大昭寺にいらっしゃる活仏マニさんに彼らがお会いしたとき、マニさんは、私がチベットに来ないことを知っていらしたそうです。本当に、びっくりです！　チベットは、世界で最も高地にあり、天に一番近い場所です。やはり、チベットの高僧ともなると、霊的なのですね。

しかも、「越智先生は、今回チベットには来ないでしょう。こまかな細い雨のせいで」とマニさんのほうから先に言われたそうです。濃霧はたしかに「こまかな細い雨」です。

それはともかく、私はようやく今回の旅でマニさんに会うことができました。マニさんは、八十五歳という高齢。平均寿命が三十六歳のチベットでは、これは日本で言えば百二十歳くらいの高齢にあたります。

前回も参加した七人の話では、今回のマニさんのほうが、ずっとお元気に見えたそうです。マニさんのやさしい慈愛あふれる人柄と、どんな質問にも、ゆっくり淡々と答えられる落ち着いた物腰に感動して、私はすっかりファンになってしまいました。思いがけず、仏像を記念にいただき、お礼にヴォイスヒーリングをさせていただきました。それは、ほんの三分間ほどでしたが、心に残るひとときでした。

その後、二〇〇三年三月に、お付きの方から、マニさんが亡くなられたとうかがいました。やはり、あのときベストタイミングで会うことになっていたのだと、ありがたく思いました。

ベストタイミングといえば、この旅では、夢をかなえると言われている花、念願のブルーポピーにも出会うことができ、感無量でした。これは七、八月にしか咲かないという、めったに見ることのできない幻の花です。もし前年の五月に来れていたら、出会えなかったわけです。

前年度の旅に行けなかったおかげで、今回、待望のブルーポピーにまで出会えたのです。

旅の時期がずれるのも、意味ある「タイミング調整」だったのだと、あらためてしみじみと感じ入りました。

人は、ちゃんといくつも夢が実現するように、ベストタイミングを自然に選んでいるのですね。なんて素晴らしい「人生のしくみ」でしょう！

二〇〇二年十二月には、以前から那覇高校の看護科で授業を担当しているご縁から、同校のセンター試験を控えた三学年全生徒、五百人への講演を依頼されました。生徒を元気つけて欲しいとのリクエストに、講演のタイトルは、「夢はかならず実現する」にしました。

講演の途中からは、ブルーポピーの妖精に変身して、のどのチャクラを活性化するイメージ療法を行いました。センター試験前の大事なときに講演なんて時間がもったいないと内職にいそしんでいた生徒たちも、この衣装替えにはびっくり！

彼らの本当の夢が実現するように、ブルーポピーのエネルギーを届けたいと思ったのです。さらに、生徒たちのインナーチャイルドの癒しをするために、ブルーのイルカの衣装にも着替えました。出血大サービスです！

イルカ瞑想では、体育館に響き渡るヴォイスヒーリングと「生まれてきてくれてありがとう」の言葉かけに反応したのか、何人かの生徒たち、そして先生までもが、涙を流して感情を解放していました。

少しでも皆さんの役に立つことができて、うれしくなりました。

私のチベットでの体験談が、皆さんの夢を実現するためのヒントになれば大成功です。

どこかの講演会でブルーポピーの妖精に出会えたら、夢実現のパワーをたくさんもらってくださいね。

思い込みの解除法

クリニックに来院する患者さんには、自分に対してマイナスのイメージや思い込みを抱いている方が多く、しかも本人はそのことに気づいていません。

たとえば、本人が口癖のように言う根強い思い込みの例として、

「私は、いつも約束の時間に遅れるんです」

「私は、絶対に男の人とはうまくいかないんです。とくに父に似たタイプはだめです」

「私は、いつも本番に弱いんです」

「私は、人前でいつも緊張して、顔が赤くなるんです」

「私は、絶対に結婚できないようになっているんです。守護霊が邪魔しているとしか思えません！」

「私は、どんな薬を飲んでも、うつが治らないんです」

など、いくらでもあります。

こうして、皆さんの「確信に満ちた思い込み」を読んでみると、いかに自分で自分をマイナスの思い込みに追い込んでいるかが、少しわかってくると思います。

私にも数年前までは、強烈な思い込みがありました。「私は、いつも約束の時間に遅れる！」というものです。まわりも本人もそう思い込んでいると、かならずその状況を引き寄せてしまいます。私の場合、たとえどんなに時間的余裕を持って出たとしても、なぜか途中で何かが起こり、かならず間に合わなくなるのです。

ある本で「人生は自分の思いが創っています」と書かれているのを見て、さっそくそれを自分で実験してみたくなりました。

そこで「私はかならず、ぎりぎりで約束の時間に間に合う！」と思い直すことにしたのです。それからは、途中で何かが起こるものの、かならずすべり込みセーフで、まさしくぎりぎりで間に合うようになりました。

時間に間に合うようになった当初は、よかったと感動していましたが、いつもぎりぎりでセーフなのです。まてよ、もしかして「私は、約束の時間に余裕を持って間に合う！」と決心してみたらまた変わるかもしれないと、思い込みの内容を再度変えてみました。

それからは、約束の時間に「十分、余裕を持って間に合う」ようになってきたのです。

この例は、二段階の実践を経ていますので、人が思い込みを変えると、どのように行動や状況が変化するのかが、よくわかるでしょう。

私たちは無意識のうちに、自己イメージを決めてしまっています。また、決めたことを現実化して自分の世界に引き寄せています。それが、この世界のしくみなのです。

ともすれば他人が自分を評して言ったことをつい鵜呑《うの》みにして、自己イメージとして確立させてしまいます。たとえそれが本来の自分ではなくても、それがマイナスのイメージであればあるほど、傷つきながらもかえって受け入れてしまいます。

私たちは、マイナスのことはつい受け入れて、逆に、ほめられても素直に受け入れない傾向があります。これは、もったいないことです。

一度思い込んでしまうと、自分がそのときに受け入れたのだということすら、忘却のかなたになってしまいます。

体も同じ症状を一、二回くり返しただけで、「私は、胃が悪い」「お腹が悪い」「寝つきが悪い」「必ず偏頭痛がある」「生理痛がひどい」……としっかり決めてしまいがちです。

心あたりのある方は、ぜひそれをいまから解除して、健康な自己イメージに変えてみましょう。それだけで、長年の症状がよくなってしまった方も結構多いのです。

思い込みは、解除しなくては損です。

アメリカの心理学の研究に興味深い例があります。学習障害児を十三人集めて個別に面接してみたところ、全員がある時期に、自分を馬鹿だと自分で決めたのだそうです。それは、親から言われ続けたり、学校の先生からレッテルを貼られて、あるときそう思い込もうと決めたのだというのです。驚いたことに、どの子も、その決心をしたときのことを覚えていました。また、授業に集中できないことなども、やはり本人が自分で決めているのです。

でも、もしそうなら、それを解除すればいいのです。

そこで、学習障害児とレッテルを貼られた生徒全員が、カウンセリングでその思い込みを解除しました。それぞれの回復の早さは違いましたが、「自分は馬鹿じゃない」と思いを変えたことで、見事に変化が認められました。

なんと全員が飛び級で本来のクラスに戻れたのです。中には、大学まで行った子もいたそうです。これはすばらしい研究だと、深く心に残りました。

また、サイキックな能力のある子供は、まわりの大人の考えていることがわかったり、親戚の亡くなる時期を予告したりするため、まわりから気味悪がられ、変わった子として変な目でみられがちです。そんなまわりに対して、子供は馬鹿のふりをすることがあります。それが解除されないまま過ごしてしまい、後でこんなはずじゃなかったとやっと気づいて、自分で本来の自分を取り戻す場合もあります。

最近たくさん生まれてきている、新しい行動パターンを示す子供たち（「インディゴチルドレン」）のケースがそうです。彼らはどうしてもまわりから理解されずに、問題児扱いをされがちです。そして、その多くが注意欠陥障害（ＡＤＨＤ）と診断されてしまいます。とても優れた才能をたくさん持っているのに残念です。

その子たちのオーラの写真を撮ると、第六番目のチャクラ（エネルギーセンター）の色である、インディゴが出るようです。インディゴとは藍《あい》色です。まさしく、感性、直感のエネルギーの色なのです。

お子さんがちょっと変わったことを話し出したとしても、どうぞ否定しないでよく聞いてあげてください。そうすれば子供は安心して、のびのびと成長していきます。逆に、子供から面白い世界を教えてもらえるかもしれません。

自分に理解できないこと、常識では考えられないことをたとえ子供が言い出したとしても、変だという枠にはめないでほしいのです。これからは、いままではめられていた狭い枠を取る作業が必要な時代になります。

いままで両親や兄弟、学校の先生やクラスメイトから、マイナスの自己イメージを何度も植え付けられてきた人の場合、ハートチャクラと呼ばれる心臓近くの大切なエネルギーセンターに、まるで焼き鳥の串のようなマイナスのエネルギーが何十本、何百本も刺さっています。思い込みがひどいときなどは、痛みまで感じます。

クリニックでは、それを一気に抜くためのイメージ療法を行います。

それを助ける香りとしては、ジャスミン、ベルガモット、伊集ぬ花（イジュヌハナ）、ネロリなどがおすすめです。

クリスタルでは、ローズクォーツ、アメジスト、フローライト、ヘマタイト、トルマリン、セレナイト、ムーンストーンなどがいいでしょう。

そしてなによりも効果的なのは、いまの思い込みとは反対のよいイメージを、言葉に出して宣言してみることです。

「私は、いつも約束の時間に、余裕を持って間に合います！」

「私は、いつも男の人とうまくつきあいます！　とても楽しいです！」

「私は、いつも本番に強いです。自分らしく表現できます！」

「私は、人前で話すのが得意です。リラックスして、いつも自然体です！」

「私は、ベストタイミングで、楽しい結婚をします！」

「私は、もう、十分休みました。うつから抜け出します！」

いかがですか？

ご自分なりの宣言をしてみてください。すると、とても気持ちよくなり、重かったエネルギーも軽くなったような気がして、背筋までのびてきますよ。

名古屋のほうに、「ついてる、ついてる」を口癖にしている、ある会社の社長さんがいて、本当に不況知らずだそうです。そういえば大阪商人も「おかげさんで」「ぼちぼちでんな」という挨拶が多いですね。「不景気でんな」「さっぱりですわ」という挨拶だと、本当にそのようになってしまうからでしょう。

知らず知らず口癖になっていることが、そのまま現実化してしまいますので、くれぐれも明かるいことを口癖にしてみてください。

こうしたプラスの口癖も踊りをつけて言うと、さらに身にも心にもいい思い込みが染み込んで、いつのまにかマイナスの思い込みが押し出され、潜在意識がプラスの思い込みで輝いてきます。

いま私が一番気に入っている言葉は、「すべてはうまくいっている!」です。

皆さんも、この言葉を口癖にして潜在意識を輝かせてくださいね。

未来を創る「いい思い」

「思い」のパワーは、夢の実現には欠かせない第一歩です。

まず、思いから始まるのです。思うことは、すでに立派な人生の創造なのです。

なんであろうと、本人が思えなければ、先に進めません。

かつて、あるグループのプロジェクトに参加したものの、なぜかどうしてもうまくいきません。ミーティングをしているうちにどうしてうまくいかないのかがわかりました。メンバーの中に一人、「こんなことできっこない、無駄なことをしている」と強く思っている人がいました。そこで、その人にプロジェクトからはずれてもらったところ、すぐに流れがよくなって、すいすいとうまくいきました。

そのときの体験によって、本当に「思いが仕事をしている」のだということを実感しました。一人の異なった思いがグループの中にあると、そのプロジェクトの流れを止めてしまうのです。

全員の思いが一致することではじめて、実現化へのエネルギーがすごい勢いで流れ出すのです。

　これは会社にもあてはまります。トップの意識と違う思いの人が社内に一人でもいると、会社自体の流れが滞《とどこお》ってしまいます。会社も社員の意識の集合体なのです。

　どうしても私たちは、いまのメンバーで何とかしようと考えて、なかなか人を変えることができません。でも集団意識を一つにまとめることは、流れをスムーズにするためにとても大切なことなのです。自分とは意識が違う人々の集団だと気づいたら、なるべくそこで我慢をしないで、自分と同じ思いのグループに移っていくことをおすすめします。かえってそのほうが省エネになり、結果としてお互いのためになります。そのためには、メンバーどうしでつねに理念や構想を語り合っていることが必要です。

　グループの向かう方向がちぐはぐだと、人々の間で生じる摩擦熱でエネルギーが消耗《しょうもう》されてしまいます。思いが同じであれば、たとえ最初は仕事がもたついたとしても何とかなります。しかし人々の思いが違うと、いくら皆が優れた能力を持っていても、言い争いが多くてプロジェクトはまとまりません。

　みんなの思いが一つになって、素晴らしい結果が出たときこそ、グループとしての夢が実現して、たとえようのない達成感の至福に到達します。私の大好きなＮＨＫの「プロジェクトX」は、いつもその感動のドラマです。

あれは、まさに、夢の実現プロジェクト・ドラマですね。

実現したいという思いが続かないと、まわりの人々の応援するエネルギーも定まりません。あきらめずに思い続けることが、ポイントになります。

二〇〇二年十二月最後の「プロジェクトX」は、六五〇〇ｍの深海に挑む潜水艇開発の話でした。二十五年間研究を続けた成果が実ったときの話には、涙を誘われました。

番組中の「夢は、あきらめずに思い続けることです！」という言葉が、ずしっと心に響いてきました。さすがに重みがありました。

やっと潜水艇を組み立ててみると、一五〇kgも重量オーバー。そのためもう一度解体して全部の部品を削らなければなりません。この途方もない作業をやりとげられたのは、ひとえにそのリーダーの人柄と人々からの厚い信頼でした。二十五年間の彼の姿を周囲の人が見ていたために、一致団結が可能になったのだと思います。一人でも同意できなければ、実現不可能なプロジェクトなのですから。

日本の男たちが夢を追いかけ実現させていくドラマに、心からブラボーです。

「寝食忘れて、夢中になる」という表現がありますが、「夢中」とは、まさに、夢をずっと追いかけて、持続しているさまをいいます。何をしていても「無我夢中」になれること、仲間と一緒にそんな仕事ができたら最高ですね。

皆さんも、もしそれを見つけることができたのなら、決してあきらめないでください。それを思い続けながら、仲間を見つけましょう。そして、熱く語り合いましょう。

要は、繰り返し人に話し、宣言することで、どんどん実現への扉が一枚ずつ開いていくということです。

「いい思い」を持つと、かならず「いい未来」がやって来ます。

「思い」の次は「イメージ」で！

「思い」より強いのが、「イメージ」です。

第六話でご紹介したインナーチャイルドの癒しの方法も、イメージ療法の一種です。

簡単にできるイメージ療法のなかで、夢の実現にも関連していて皆さんにおすすめなのが、「のどのチャクラを活性化する方法」です。

のどのチャクラは、コミュニケーションするときの大事なエネルギーセンターです。

自分の意志を伝えたり、感情を表現したり、夢を語ったりするのに欠かすことのできないところです。ところが日本人には、こののどが詰まっている人が多いのです。言いたいことを言わないでためている人が、非常に多いのです。

そのためクリニックでは、香りとして、よくベルガモットを使っています。

ベルガモットはのどだけでなく、ハートをも癒してくれます。クリニックを訪れる方はのどとハートの癒しが必要な人がほとんどなので、最初にこの香りを使っています。

イメージ療法でのどの詰まりをよくする方法をご紹介しましょう。

頭を少し後ろに倒して、のどが開くように伸ばします。詰まっているエネルギーが、のどから黒い球になってボコボコと出ていくのを、イメージします。

これをやると、ほとんどの人が、その様子を実際に感じることができ、とても効果的です。「のどに詰まっているエネルギーが黒い球になって出ていく」と具体的に決めて宣言することで、言葉どおりになっていくのです。それに、イメージを加えることで、もっとパワフルな効果があります。

別の言葉で表現すれば、言霊パワーに映像のパワーがプラスされたということでしょうか。脳生理学で補足すれば、言葉を司《つかさど》るのは左脳、イメージは右脳ですから、両脳のパワーが統合的に働いたということです。脳のホリスティック・パワーですね！

スポーツの世界では、イメージの力を使った練習が、すでに行われています。試合に勝っている自分の近未来の姿を、実際にそうなっているかのようにくっきりと思い描くのです。

長野の冬季オリンピックのジャンプ競技のときのことです。華麗に飛んでいるシーンをビデオで何度も見てイメージトレーニングを行い、実際にジャンプ台からみごとに飛んだある心理学者がいました。ところが、うっかり着地のシーンを見忘れたため、着地がうまくいかずに足を骨折してしまったという話なのです。しかも本人は骨折のことより、みごとに飛べたことに有頂天（夢頂点？）だったとか。

「イメージは具体的に、きちんと、もれなくする」ほうがいいようですね。

そこまですごくはありませんが、私も幼稚園のときに、近くのバレエ教室に通いたくて、しばらく教室で見学させてもらったそうです。ところが約一カ月の間、教室に毎日通っても踊りに参加しないので、さすがに母が「啓子、もういいわね。やらないんでしょう？」と確かめると、いきなり皆の中に入って完璧に踊ってみせて、母や先生をびっくりさせたとか。

ずっと皆の踊りを見ながら、イメージトレーニングをしていたのでしょう。でも、変な子ですね。母も大変だったでしょうね。いつか踊りに加わるだろうと、一カ月間も辛抱強く待ってくれた母にも感謝です。

会社経営でも似たような話があります。業績を上げるために別の会社から幹部社員が来ましたが、彼は会社の状況を把握するために、一年間まったく動かないでじっと社内外を観察しているだけでした。まわりは何もしないでいる彼を見て、彼には能力がないのでは、といろいろと噂したようです。しかし、その一年後に彼が動き出したとたん、会社の業績が上がったのです。ずっと彼を信じて何も言わずにいた社長もすばらしいですね。

皆さんも、「イメージの力」をどんどん使ってみましょう！

「イメージ」の次は「コラージュ」で！

イメージをさらにパワーアップする方法があります！

それは、「コラージュ」です！

大きめの画用紙を用意して、最近撮影した自分の顔写真をまず真ん中に貼り付けます。次に、新聞や雑誌、パンフレットなどの中から、自分が欲しいもの、行きたいところ、住みたいところ、やりたいことなど、求めているもののイメージに近いいろんな材料を切り抜いて、それを先の自分の顔写真のまわりに貼り付けていくのです。

これも、アートヒーリングの一つの方法です。「夢を実現する」ワークや「未来を創造する」グループセッションで取り入れています。

これを行うと、かなり実現率が高くなるので、参加した皆さんに喜ばれています。

たとえば、猫が欲しくて、かわいい猫の写真をこの紙に貼り付けたら、もうその翌日には、子猫をもらった人がいました。また別の人は、夫のために健康マシーンの写真を貼り付けたところ、とてもケチだった父がなぜか「何か欲しいものを買いなさい」とポンと百万円くれて、二重にびっくり。すぐに、夫へのプレゼントとして健康マシーンを買ったそうです。

私も、海中の熱帯魚の写真やダイビングのためにアクアラングをつけている人々の写真、三線、パソコン、温泉、イルカなどの写真を貼りましたが、ほとんどが実現しています。ある程度実現したら、また次の「コラージュ」を作っていくのです。

逆に、一度でも「コラージュ」を作ると、ふだんの生活の意識がすっかり変わります。雑誌を見ても新聞を見ても、つねに自分の夢を意識することになり、いままで以上に自分が生き生きとしてくるのがわかります。

銀行で順番を待っている間に見ていた雑誌の中にイメージぴったりのグラビアを見つけて、思わずその雑誌を家に持って帰ってしまった人もいました。まさに「夢に夢中」ですね。

こうして次の「コラージュ」作りのための切り抜き作業が自動的に始まるのです。

皆さんも、楽しくてアッと驚くアートヒーリング、「コラージュ」をやってみませんか？

「夢はかならず実現する！」という魔法の言葉

二〇〇二年に入ってから、クリニックでのセッションや講演会の終わりに、「すべてはうまくいっている！」の言霊パワーと笑いをドッキングさせた〝カニ踊り〟を皆さんと踊っています。

東京時代には、こんな発想は湧いてきませんでした。「すべてはうまくいっている」の言葉は、じつは人にすすめられて読んだ本のタイトルで、私の潜在意識にいつの間にかしっかり入っていたフレーズでした。ひどいスランプ状態で沖縄にやって来て、一人、海でカニを見ているうちに、この言葉が突然口から飛び出してきたのです。まるで、期が熟したかのように。

いいイメージをシンプルに繰り返し言うことで、その思いが潜在意識にしっかり刻まれていきます。そしてそのとおりの現象を、どんどん引き寄せるのです。

中でも「すべてはうまくいっている！」は、宇宙の真理そのものを表した言葉ですから、格別の言霊パワーがあります。

最近では、これのパロディ版である「すべってもうまくいっている！」が人気です。

ある講演会の途中でこれをふと思いつき、笑いをとるつもりで言ってみたのです。ところが講演会の後、「今日はこの言葉を聞きに来たのだとわかりました。この言葉で救われました」と涙ぐむ方がいて、びっくりしてしまいました。身につまされる思いがするそうです。たしかにこの言葉のほうが、より現実的かもしれませんね。

皆さんも、いますぐこの本を置いて、両手をカニの爪のようにしてピースサインを作り、肩幅の広さに足を広げて立ってください。横歩きで右に一歩出して、これに左足を添えてを二回繰り返し、その間に、「すべてはうまくいっている！」を大きな声で言ってみます。次は、左へ、これと同じように繰り返します。最後に必ず、握りこぶしを作り天井へ向けて、三回唱えてください。「えいっ、えいっ、いえーい！」と。

つい笑い出してしまう、楽しい思い込みの踊りです。ぜひ、家族みんなで笑いながら踊ってみてください。いままでのマイナスの自己イメージや思い込みが、見事に外へ押し出され、自動的に解除されます。

レッツゴー、カニ踊り！

「すべてはうまくいっている！」「すべってもうまくいっている！」

この言霊は、ただの気休めではありません。本当に深く「人生のしくみ」と「宇宙のしくみ」を簡潔明瞭に現していると思います。

精神世界では、よく、アファーメーション（affirmation）＝断言すること、をすすめています。断言とは、はっきりと言い切ることです。いわゆる宣言です。

前にも述べたとおり、日本語は、必ず母音が発音されますから、すべてが聖なる音、聖音なのです。

つまり、「すべてはうまくいっている」は宇宙原理の断言なのです。

この魔法の言葉は、予想以上にパワーを持っています。この言葉が、潜在意識に刷り込まれていくと、まわりの人に相談されたときも、「大丈夫よ、すべてはうまくいっているわよ」と、思わず答えるようになってきます。そして自分が口に出して言うことで、「すべてはうまくいっている」の意味がさらにしみじみとわかってくるようになります。

「毎日口癖になっていることが、人生の中で展開され、現実化してくる」のです。

だから「すべてはうまくいっている」現象があたり前のように起こってくるのでしょう。

みなさんも、ぜひ試してみて下さい。

夢を実現させる魔法の言葉は、「すべてはうまくいっている！」です！

あとがき

私の本を読んでくださって、本当にありがとう！
夢を実現させるヒントが、見つかりましたか？
〝人生のしくみ〟の深い意味がわかっていただけたでしょうか？
ワクワクして、ご自分の夢を実現させたくなってきたでしょうか？

ちょうどこの本の原稿の見直しをしていたころ、東京でスーパー歌舞伎「新三国志」を見ましたが、その中の市川猿之助さんのせりふ「信ずれば、夢はかなう！」が、そのとき心に深く残りました。

そして二十周年を迎えたディズニーランドでも、ミッキーマウスたちが「夢はかならずかなう」を歌っていました。タイムリーですね！　すべてがつながっています。

本を書くのは、思った以上に大事業です。この本が、ますます自分の子供のように思えてきました。

担当の石川明子さんとは、東京時代からのお付き合いですが、原稿を読んでくれて、「先生、本当におもしろい！」と言ってくれたのが何よりでした。本当に縁は不思議です。石川さんの夢「啓子先生の本を出したい」と私の夢「大好きな『小さな宇宙人アミ』を出版している徳間書店で本を出したい」が同時に実現できたのです。石川さんは夢をあきらめず、粘り強く対応してくれました。心から感謝です！

今回、快く出版を引き受けてくださった、力石幸一編集長、ありがとうございました。無事にこの本が世に出ることになって、ほっとしています。

また、適切なアドバイスをくださった担当編集の明石直彦さん、ありがとうございました。

両親は、私にとってありがたい読者代表です。そばでずっと応援してくれた大切な家族、そして励ましてくれた友人たちにも、心から本当にいつもありがとう！

東京での講演会やセミナーでお世話になっている、ヒーリングライフの菅原典子さん＆スタッフの方々、沖縄でも、煌セラの伊地代表、玉城さん、平良さん、いつも応援をありがとう！

そして、アトリエ・さとわ、ハタ、クラリス、たじま屋、しゃろーむ、すけっとしずく、リフレックス、アバンテックなどの楽しい仲間たちのおかげで、講演会、ミニ講演会、ヒーリングスクール、セミナーなどを続けることができています。その他、仙台の近藤さん、埼玉の塩崎さん、岐阜の船戸クリニックの皆さん、飛騨《ひだ》・高山の千光寺、大円さん、金沢の立野さん、名古屋の川井さん、福山の石田さん、松山のミミさん、北九州の智香さん、いつも講演会やセミナーでお世話になっています。ヒーリングスクール修了生の皆さん、そしてクリニックで支えてくれたスタッフの外間さん、陰での応援をありがとう！

とてもたくさんの方々に支えられて、さまざまな活動ができています。

皆さん、本当に、いつも応援をありがとうございます！

今回の本の表紙は、夢をかなえる幻の「ブルーポピー」にしました。ブルーのエネルギーは、自己表現とコミュニケーションを活性化してくれます。

皆さんもチベットに行ったつもりになってくださいね！

今、沖縄は、純白の伊集《いじゅ》ぬの花が見ごろです。

沖縄がさらに「大きな輪」になり、本当の大和魂が復活することで、日本を、世界を、そして地球を、夢があふれる、愛でいっぱいの星にしていきたいと思っています。

この本を読んで少しでも、皆さんの意識が大きく、やわらかくなったら、私の大きな夢が本当に実現します！

私たちは皆、すばらしい一つのエネルギーですね。

私たちの夢はかならずかないます！
そして、また、次の本でお会いしましょう！

二〇〇三年　六月吉日

魂科医・笑いの天使・夢実現のインスト楽多ー
越智　啓子

JASRAC　出0307120-301

インフォメーション

啓子メンタルクリニック ………………TEL&FAX 098-895-4146

ホームページ
「啓子メンタルクリニック」 …http://www.keiko-mental-clinic.jp

講演会、セミナーのお問い合わせ先：
啓子びっくり企画……………………………TEL 098-868-9515
FAX 098-868-9519

ヴォイスヒーリングのCDのお問い合わせ先：
煌セラ………………………………………TEL 098-866-4563
FAX 098-866-4363

〈著者紹介〉
越智啓子（おち　けいこ）
精神科医師。東京女子医科大学卒。東京大学付属病院精神科で研修後、ロンドン大学付属モズレー病院に留学。帰国後、国立精神神経センター武蔵病院、東京都児童相談センターなどに勤務。1995年より、東京で「啓子メンタルクリニック」を開業。過去生療法、アロマセラピィ、クリスタルヒーリング、フラワーエッセンス、ヴォイスヒーリングなどを取り入れた、新しいカウンセリングによる治療を行う。1999年、沖縄に移住し、クリニックを開業。各地で講演会やセミナーなどを開催している。著書に『生命の子守歌』(PHP研究所)、『生まれてきて、よかったね！』(サンマーク出版)。コミック原作に『不思議クリニック①〜⑤』(朝日ソノラマ）がある。

人生のしくみ
夢はかならず実現する

第１刷――2003年６月30日
第13刷――2009年６月30日

著　者――越智啓子
発行者――岩渕　徹
発行所――株式会社徳間書店
〒105-8055　東京都港区芝大門2-2-1
電話　編集（03）5403-4344
販売（048）451-5960
振替　00140-0-44392
（編集担当）明石直彦
印　刷――本郷印刷株式会社
カバー印　刷――真生印刷株式会社
製　本――大口製本印刷株式会社

ISBN978-4-19-861697-7

☆徳間書店の好評既刊

聖なる旅
ピースフル・ウォリアー
ダン・ミルマン
山川紘矢
山川亜希子[訳]

内なる宇宙に響く「やすらぎの戦士の教え」を描いた全米ベストセラーの精神世界代表作。古代の叡智、大いなる自己、宇宙意識とは？人生を変える真実の「愛」と巡り会う方法。

マジック・フォーミュラ
人生を光に変える魔法の処方せん
マイケル・J・ローズ
山川紘矢
山川亜希子[訳]

自らの惨めな人生に愕然とする幼なじみ5人に訪れた、心の奥底に封じ込められた幸福の種を芽生えさせるためのマジック・フォーミュラ（奇跡の処方せん）とは!?

前世ソウルリーディング
あなたの魂はどこから来たのか
ジャン・スピラー
東川恭子[訳]

前世に基礎を置くドラゴンヘッド占星術。失われていた秘法を初めて公開。愛・仕事・家庭・進路などさまざまな局面で悩みを抱える人々に魂の奥深くに根ざしたアドバイスを与える。

「魂の目的」
ソウルナビゲーション
ダン・ミルマン
東川恭子[訳]

何世紀もの間、秘密のベールに覆われていた神聖な教え、誕生数が導く「運命のシステム」とは？　あなたに与えられた魂と人生の目的を探り出す驚異の指南書。